I0479431

NELSON CARDOZO

Conociendo Bitcoin II

Aprender a usar y ahorrar con bitcoins

La red es robusta en su simplicidad
no estructurada

SATOSHI NAKAMOTO

Contents

IV   Literatura recomendada

Acknowledgement

Este libro nace de la idea de muchas personas y la simplicidad de esta me permite dar las gracias directas a Kenny, Lorena y Norma. Este libro tiene el ADN de vosotros y me permitió continuar haciendo lo que más me gusta: **escribir**. Gracias por impulsarme y por dar pie a este nuevo capítulo.

Introducción a Bitcoin

"INTRODUCCIÓN AL BITCOIN"
PROGRAMA EMITIDO EN URBANA #MAYDAY - 11 de
noviembre del 2020

Ok. Para explicar que son bitcoin, qué son las criptomonedas en general, empezamos de cero: ¿Para que se realizó estos proyectos? Hay un principio en la economía, hay un principio de tecnología.

En la parte de la economía, nosotros utilizamos siempre papel moneda, muchas veces nuestras en nuestras vidas es el famoso te estás cepillando y pensas *¿para que yo quiero algún billete?*, o sea porque no puedo usar por ejemplo un control remoto o hacer trueque directo y es porque hay un banco, y es esto en casi todos los países, donde nos dicen que este banco lo que hace es emitir una información de valor, 1.000 guaraníes, 2.000 guaraníes, un dólar, un peso argentino y con eso podemos transferir bienes y servicios

¿Por qué usamos eso? Porque confiamos en que ellos están dando un valor a eso, antes usábamos oro, entregas la moneda, se te cambia por plata, productos o servicios, ahora se intercambia con papel moneda. En todo ese proceso hay un banco, hay un tercero en medio, entonces en el año 2009, un developer anónimo, publica un documento en el cual dice que él encontró la manera de que se pueda transferir valor a través del internet, sin la necesidad de que haya un intermediario, sin que haya ningún tipo intermedio.

O sea, de Nelson a Kassandra, de manera inmediata y no mediante barreras políticas o terceros en el medio. Ahí nace bitcoin con el año 2009, ¿qué es lo que resuelve? resuelve esta necesidad, primero saca la intermediación, segundo y más importante de todo, que es la genialidad todo esto, hace datos que no se pueden falsificar y si queres falsificar, el esfuerzo es extremadamente difícil, eso es bitcoin hacia atrás y hacia adelante. Pero más concretamente, ¿qué es? Es una moneda, así como el guaraní, como el peso, como el dólar, como lo que vos quieras, es una moneda el cual se puede utilizar para bienes, para servicios y realmente tiene tres características básicas:

1. Descentralizado: cuando se dice descentralizado significa, que no hay ninguna autoridad, persona, institución, empresa u organización que esté detrás, es toda una comunidad que está manteniendo, aunque se dice que bitcoin es,
2. Seudónimo: porque no requiere de ningún tipo de datos, o sea, cuando yo abro una cuenta bancaria me pide mi cédula, mi ruc, etcétera. Con bitcoin descargas una aplicación que actúa como billetera y terminó eso es todo y,
3. Neutro: o sea se puede usar acá en Paraguay, o se puede en Irán, Corea del norte, China. El internet del dinero le dice justamente, porque no tiene palabra política, o sea cuando yo digo le transfería dinero a Kassandra que está en EEUU

a través del internet, y este no tiene barreras. Bitcoin tiene eso justamente, no tiene ningún tipo de barrera política, porque las fronteras son políticas, entonces por lo tanto es simplemente una moneda demasiado genial.

¿Es legal?

No hay absolutamente nada ilegal, absolutamente nada. Al que tenga ese pensamiento le digo casi con toda la tranquilidad del mundo, en muchísimos países el bitcoin ya es legal, así como otros proyectos, es completamente legal. poder transferirlo por bien de servicios o por lo que vos quieras[1].

¿Dónde está el problema a nivel mundial? es que los países mismos no saben cómo acomodar el concepto de dinero, porque cuando yo le pregunto a una persona que es dinero para vos, otra pregunta para cepillarse, ¿qué es el dinero? es lo mismo que pasa con todos los gobiernan decidiendo, entonces esto va a ser un paso cultural gigantesco porque requiere de dos cosas;

1. Educación financiera por nuestra parte y,
2. Lo que pasa en este momento en ese tema de la ilegalidad supuesta, porque no hay nada de ilegal, es que todo lo nuevo asusta, y para derrumbar por completo yo les cuento que hay empresas a nivel mundial que aceptan bitcoin y entre ellos la procesadora PayPal, hoy día ya no puede comprar y vender monedas normalmente. Si

---

[1] Ver más en Murphy, E., Murphy, M., & Seitzinger, M. (2015). *Bitcoin: Questions, Answers, and Analysis of Legal Issues* (Report Prepared for Members and Committes of Congress N.º R433339; p. 36). United States Congress. https://fas.org/sgp/crs/misc/R43339.pdf

alguien sale con el cuento que dice que es ilegal, PayPal es lo más ilegal del mundo que hay.

Hay dos caminos, PayPal lo que ofrece el servicio y antes quiero aclarar lo siguiente, PayPal por el momento no es abierto para todo el mundo en el sentido de compra y venta criptomonedas., simplemente es un paso que ellos tomaron, como una decisión que vieron a nivel mundial, está aceptándose, entonces dicen en lugar de ir contra la corriente, vamos a someternos, vamos meternos y se metieron.

En cuanto a los bancos, también que acá en Paraguay hay muchos desarrolladores, redactores creativos, freelancers que aceptan bitcoin, de hecho, tenemos varios grupos y entre ellos siempre surge la pregunta de *¿que puedo hacer para cobrar mi trabajo en España?*, en Brasil, etc. Y acá en Paraguay hay una ventaja súper genial, hay compradores y vendedores sueltos en todo el territorio de la república. hay que hacer el cambio, pero están dispersos en todo el país y ellos te hacen una cotización, vos compras o vendes.

¿Hay suficientes bitcoins para todos?

Se puede subdividir, así como tenes libra, centavos y peniques por ejemplo, la fracción más pequeña de bitcoin se llama Satoshi, que sería 0 y ocho decimales luego del cero: 0.00000001, sería esa la cantidad. suponiendo que no quieres comprar un bitcoin, que hoy día está a más de 100 millones de guaraníes, de hecho por mañana va a tener otra cotización.

Si alguien quiere comprarlo, puede hacerlo, en una pequeña fracción. Una recomendación a toda la gente que quiera comprar, si van a comprar úsenlo mediante una billetera en play store, en la tienda de Apple, se encuentran de millones de características, en todos los tipos y la mayoría de ellos te piden bajar, recordar unas 12 palabras clave que lo anotas y ya empezó a utilizar nada más.

¿Es bitcoin un esquema multinivel?

También el tema de lo ilegal está muy cerca de los esquemas multinivel, debería estar apuntando demasiado, uno de los más fuertes por ejemplo es del D9. Hoy en día están usando la figura de Tía Menchi para hacer promociones, entonces lo que les digo es que esas gentes, son estafadores. Así como dijo el amigo actor de doblaje *"ustedes tienen que estudiar de alguien que les pueda promocionar"* y en el sentido de criptomonedas, que les enseñe a usar. Acá la mayoría viene y dice que tenes que meter en la bolsa, son estafadores esas personas.

Te digo, si es que te dijeron que *quieres ganar más de 50% al día*, mi advertencia de siempre es: gente, a nadie se le regala plata, y vos pensas que de la nada va a venir una persona y te vas a ganar más de 500%. Otro escenario es el *dejame a mí tu plata, yo lo duplicaré*, hermano querido, si viene alguien ahora mientras estás en el auto o quizás está en tu laburo y viene ahora y te dice *dame 50 millones ahora mismo voy a invertir y voy a doblarlo* ¿por qué entonces confiaría en alguien que te hace eso mismo?

Nuestro lema en la comunidad es, no confíes, verifica siempre, es el mote de la comunidad. La verificación es una de las cosas más importantes que uno tiene en la comunidad. Al ser descentralizado tenes control, sobre todo, si vos queres saber el estado de tu transacción, se llama exploradores de transacciones, vos podés ver tus transacciones, la de una persona Japón, la de todos, porque es abierto, entonces pregunte, pregunte y no sé cansen de preguntar.

Después de bitcoin vienen otros proyectos, porque uno dice sabes que me parece muy lento, que otra cosa se puede. Yo no quiero que bitcoin sea solo para dinero, vamos a crear uno más purete donde metemos otras aplicaciones tecnológicas y hacemos que las transacciones lleguen en menos de una milésima. Ahora se tiene que utilizar para guardar archivos, entonces nace otro proyecto dentro de Ethereum, donde hay casi 4.000 proyectos. Les cuento, los bancos, financieras, startups a nivel mundial, casa de inversiones, todos están invirtiendo por lo menos un porcentaje en lo que son bitcoin o criptomonedas. Se están subiendo a los barcos, porque le están viendo el valor que le corresponde.

Al ser descentralizado usualmente cuando el precio está demasiado alto o demasiado bajo, los bancos en todo el mundo suelen intervenir. A bitcoin no hay manera de intervenir, porque viven el internet, tenes que apagar el internet si quieres que se acabe.

¿Y para los negocios?

Con los comercios pasa en Paraguay por lo menos, que tímidamente, empiezan a aceptar, un restaurante allá por 2013-2014, también aceptaban quienes siempre están, por ejemplo, los desarrolladores que trabajan en industria creativa. Paraguay tiene un problema muy grande y es que a la hora de hacer transferencias bancarias a nivel regional e internacional nos encontramos con muchas trabas, y más de uno se acuerda y esta diciendo, *yo me acuerdo cuando intente abrir una cuenta en dólares con mi banco y fue como recorrer el infierno,* la cantidad de cosas que te ponen, y después cuando otra vez ya podes tener hay mucha burocracia, están aquellas empresas que empiezan a aceptar bitcoin y criptomonedas y lo hacen por 2 motivos:

1. Es más fácil que todos los bancos de usar: es que es super fácil aceptar y recibir pagos de afuera, incluso no hace falta que sean de denominaciones bancarias, no es que tiene que ser banco a con banco b. Con bitcoin es descargarte una billetera y ya está.

2. El 90% de las billeteras que hay es diseño de productos monedas son de códigos gratuitos o sea poder descargar así fácilmente, con los comercios pasa lo mismo, haces tu precio en base a bitcoins y recibís y envías bitcoins, al día de hoy tenemos por ejemplo lavandería, hay bodegas, y están creciendo en el nivel de aceptación, la pandemia para bien o para mal, nos demostró que hay muchísimas falencias en el sistema financiero y en eso no están respondiendo, entonces yo no puedo esperar que algo prospere de 5 a 6 años entonces lo están utilizando como una moneda común y silvestre para sus comercios y su vida diaria.

Imagínate que una que una persona que yo le sigo mucho y no lo dijo en mal tono, su sugerencia fue *"no digas en la entrevista* [laboral]*que sos de Paraguay"* y después yo entendí porqué lo decía, Paraguay es lo más medieval que hay en el sistema bancario, al punto que en otros países ya te toman como una especie de que vos naces, te dan tu cédula, te dan tu cédula bancaria o algo similar. Y como eso en nuestro país no existe, la mejor alternativa que podría hacer es utilizar criptomonedas, porque no tiene fronteras políticas, es simplemente descargar una billetera y usar datos de internet. Por eso a las criptomonedas se le conoce como el internet del dinero, porque es un internet creado para justamente distribuir valor y en este caso el valor se exhibe en bitcoin.

Hay dos cosas que hay que tener en cuenta en tema criptomonedas. Las monedas en sí, el motivo de su creación e incluso yo estoy utilizando es como reserva de valor, si vos tenes un comercio y queres tener tu dinero de reserva y no queres que eso pierda su valor en el tiempo. ¿Qué significa que no pierda su valor? Que tus 2.000.000 que ahorraste hace 20 años era muchísimo dinero, ahora esos 2.000.000 es menos que el sueldo mínimo. Con bitcoin pasa lo contrario, mientras más tiempo vos estás guardando, más valor está teniendo, entonces qué significa eso, que te sirve para guardar o qué te sirve como una moneda de ahorros. Protege tu trabajo contra la inflación y es algo bueno que los comercios pueden tener en cuenta.

La empresa Tesla que produce vehículos eléctricos, ya utiliza como método de pago, efectivo, transferencia, bitcoin, y le preguntaron si iba a efectivizar eso y dijo que lo iban a guardar como moneda de valor, están utilizando también ellos como una moneda de respaldo. Por ejemplo, si una persona está en Madagascar comprando en Tesla lo hace salteando todo ese sistema bancario de comisiones, comisión a la operadora, a la comisión bancaria, a la comisión del otro banco. Con bitcoins y otras criptomonedas se van sacando tajadas. A veces vemos transacciones de 600.000, 700.000 dólares que se pagaron 4 o

5 centavos de comisión, imagínate ese es el nivel de interés, ya que es mover dinero sin fronteras.

I

Orígenes del dinero

El dinero no nace de la nada. Está en la naturaleza misma, ¿sabes que los animales también usan dinero? Me sorprendí cuando supe este dato. Lo que hicimos nosotros como especie fue introducir políticas y cláusulas al dinero, haciéndolo uno de los instrumentos más preciados para la evolución.

1

El dinero antiguo

En esta primera parte, conversaremos acerca de los orígenes y fundamentos del dinero el cual tiene un valor similar a la evolución natural de su aspecto tanto económico como social. Para comprender este punto también debemos hablar de la cooperación dentro de la naturaleza. El punto de partida para comprender es la cooperación animal, continuar con la misma pero entre seres humanos, y por último conversaremos a profundidad sobre el bitcoin y porque este tiene el valor que dice tener.

El valor

Antes de profundizar, primero fijate en esta cita de Warren Buffet:

> Compra solo algo con lo que seas feliz si el mercado cierra 10 años

Esta es una de las citas que he encontrado más interesante

para hablar acerca de este tema, y es porque hace una pregunta crucial para estos tiempos. Si el día de mañana, por alguna ocasión negativa, vuelve a venir otro cisne negro[2], o sea, algún tipo de desastre natural, pandemia o guerra y este se tradujera en el cierre absoluto del mercado, similar a lo ocurrido en marzo del 2020 o en el cual el gobierno te avisa de que solamente te quedarás con aquello que tengas para comerciar en ese momento, similar a lo ocurrido en Rusia o Ucrania luego del estallido de la invasión.

La pregunta clave, es que ahora mismo, solo tienes tus activos que en este momento tienes, no lo puedes cambiar por los próximos 10 años, ¿qué tienes para ofrecer? Esta pregunta es clave, dado que para llegar a comprender a bitcoin y otras criptomonedas, es importante tener en cuenta **que realmente es el dinero** y otra pregunta más allá: ¿esta criptomoneda realmente te está ayudando a construir tu futuro?

Si no tienes criptomonedas, igualmente puedes hacer un auto examen de qué tipo de activo posees: acciones, bonos, certificados de depósitos, algún tipo de ahorro entre tantos otros que te pueda ayudar a crecer tu patrimonio o te ayude a mejorar tu bienestar financiero. Recuerda que durante diez años deberás tener ese activo y no lo puedes cambiar -*ceteris paribus*[3]-, va de nuevo la pregunta pero con otro enfoque:

---

[2] La conceptualización de Cisne negro se refiere a hechos que usualmente no están previstos. De esto habla con detenimiento Taleb, N. (2013). *Antifragil: Las cosas que se benefician del desorden*. Paidós.

[3] *Ceteris paribus* es un método en el que se mantienen constantes todas las variables de una situación, menos aquella cuya influencia se desea estudiar. En este caso, es seguir la idea del ejemplo y elimina todo lo demás.

¿Tienes dinero que puede mantener su valor?

Una opción es empezar a hacer ahorro con una moneda considerada *fuerte* como el dólar estadounidense (USD) el euro de Europa (EUR) y en base de este, guardarlo bajo el colchón para que tu dinero no pierda valor en una moneda más débil como tu moneda local. Recordemos que el USD es la moneda estándar con más del 80% de las transacciones ocurriendo en su ecosistema[4].

¿Tienes instrumentos que ayudan a tu dinero a mantener su valor?

Muchos asesores financieros te recomiendan comprar bonos del Tesoro (puede ser de tu país, de Estados Unidos, otros países) o acciones de empresas los cuales te puedan dar un retorno pasivo para seguir creciendo tu patrimonio con más dinero y eso es lo extraño, en otros tiempos era más que suficiente que tengamos dinero guardado en una caja de ahorro y listo pero al día de hoy, el consejo de los asesores es no dejarlo en instrumentos estáticos sino ponerlos en fondos mutuos u otros objetos analizados previamente. Quiero que tengas estas preguntas en mente a medida avanzamos el libro y mientras tanto, sigamos analizando.

---

[4] Disponible en: https://www.federalreserve.gov/econres/notes/feds-notes/the-international-role-of-the-u-s-dollar-20211006.htm

El dinero

Hay muchos conceptos creados los cuales nos dicen que el dinero es un objeto pero su origen, forma, concepción va cambiando de acuerdo a quien le preguntes, entonces tenemos generalmente tres respuestas básicas acerca de esto: es un instrumento el cual el Estado (o una entidad legal jurídica superior) tiene un control total, puede ser que las personas creen sus propias monedas o que lo vean como una tecnología en desarrollo constante.

Es algo creado por el estado

Que el dinero, te dicen algunos, es una creación del estado no es algo asertivo, pues sí revisamos la documentación histórica, veremos qué la política monetaria administrada por un ente como el estado tiene menos de 800 años de vigencia, la política monetaria como parte de una entidad como nación-estado o ciudades-estados tienen máximo 850 a 1000 años y, si bien es cierto de que existen estos antecedentes, la creación del dinero no siempre fue un deber del estado, dado que esta fue una solución tecnológica para resolver un problema específico. De hecho, la incursión del sistema Law[5] fue la que terminó por dar la tarea de custodiar el dinero como conocemos al día de hoy.

---

[5] El sistema Law es la impulsora de la banca central moderna que tuvo un rol participativo muy importante en la Burbuja de 1720. Para más información ver (Ferguson, 2008, 132-189)

Es algo que cualquiera puede crear

Otra de las propuestas comunes es que el dinero es algo que cualquiera puede crear. Bueno, sí pero no. Si bien es cierto que, en parte esto es verdadero, dado que el dinero se crea en momentos específicos de necesidad, también hay que tener en cuenta que debe estar respaldado por un algo que puede ser tangible (algún instrumento de la naturaleza) o intangible (fé, confianza, emociones) y este se traduce en una denominación monetaria.

¿Es fácil crear dinero? La respuesta es **sí, es muy fácil crearlo**.

En ciertas características que solemos ver de diferentes civilizaciones de dinero, está el hecho que se fueron probando muchos tipos de instrumentos de intercambios pero eso no necesariamente se traducía en un instrumento de valor. Mejor lo explico así, tener una moneda no le agrega valor inmediato si es fácil de falsificar, si no tiene suficiente historia entre tantos otros factores que lo hablaremos en breve.

¿Y una criptomoneda? Existen varios repositorios en Github[6] que te permiten clonar los proyectos[7] de grandes criptomonedas cómo ser bitcoin, ethereum, litecoin, entre tantas otras y puedes terminar de crearlos en una hora,

---

[6] Github es un repositorio de proyectos de software el cual puedes subir tus archivos y trabajar con personas de todo el mundo. Hablando mal y pronto, es como tu disco duro de proyectos pero que está en las nube

[7] En la jerga, *clonar* un proyecto es la acción de copiar una carpeta de la misma para poder editar el mismo con el fin de crear una versión en base a lo ya desarrollado

asumiendo retrasos, lags y otros problemas técnicos pero el hecho que puedas crearlo, no le da un valor inmediato, no es que simplemente podes declarar que tiene una apreciación y ya.

Tecnología comunitaria

Esta es la respuesta correcta, a mi criterio y es la que usaremos para comprender el resto de la lectura. El dinero es realmente una tecnología comunitaria, dado que la misma nace como solución a un problema específico y es: **¿cómo el ser humano puede encontrar una herramienta que permita interceder entre las necesidades de dos interesados en hacer algún tipo de intercambio?** Cuando el trueque ya no era suficiente para satisfacer las necesidades básicas de transmitir información, cuando trasladar mi forma de pago de un punto a otro se hacía cada vez más complicado, nace el dinero como una forma alternativa viable para pasar el dato. Ahora bien, ¿cómo llegamos a la etapa de usar bytes que corren desde una computadora? ¿De donde se origina esto?

Evolución del dinero

El dinero evoluciona desde la misma naturaleza dónde los comportamientos de naturaleza se da en un ambiente de coop- eración, a continuación resaltamos y tomaremos como ejemplo para entender y comprender la evolución del componente clave del dinero como lo es la doble coincidencia de necesidades.

La cooperación cerrada

El primer tipo de cooperación se refiere a cuando las especies se ayudan entre sí pero no miran más allá de esto, hablemos de 2 ejemplos de especies que comprenden este tipo de cooperación, como son las hormigas y los vampiros murciélagos. Las hormigas se dividen las tareas en diferentes grupos y cada uno coopera en su tarea mediante diferentes formas. Se ayudan entre todas para que el grupo pueda crecer pero siempre solo ayudan a su especie.

Los murciélagos vampiros, por ejemplo, Nick Szabo lo relata en su ensayo "Shelling Out" y cuenta que

"...Como su nombre lo sugiere, absorben la sangre de mamíferos. Lo interesante es que, en una buena noche, traen un excedente; en una mala noche, nada. Sus oscuros negocios son altamente impredecibles. En consecuencia, los murciélagos suertudos (o con habilidad) a menudo comparten sangre con los murciélagos menos afortunados en sus cuevas. Vomitan la sangre y el agradecido receptor lo come."[8]

Vemos en este caso que, se ayudan entre sí y en un caso específico, de haber plusvalía, se comparte con la misma especie pero sin ser pariente.

---

[8] Szabo, N. (2005, 10 5). *Shelling Out: The Origins of Money.* Satoshi Nakamoto Institute. Link: https://nakamotoinstitute.org/shelling-out/

Cooperación inter-especies

Dentro del ecosistema marino, tenemos otro ejemplo de cooperación clásica entre un pez huésped y un pez limpiador. El pez huésped arrastra consigo microbios y bacterias alrededor de su cuerpo pero el encargado de remover todo esto es el pez limpiador, el cual es más pequeño. Utiliza estos microbios y bacterias antes mencionadas para alimentarse. Tenemos aquí un animal que necesita de limpieza para prevenir futuros problemas y otro que busca alimentos, por lo que podemos deducir de modo asertivo que tenemos un ejemplo de cooperación inter-especies. Esto nos lleva a concluir que en esto, hay una situación de equilibrio y si una de las partes decide alterar el equilibrio todos pierden.

Sigamos con el ejemplo y esta vez digamos que el pez huésped decide por alguna extraña razón proceder a comer al pez más pequeño. ¿Qué sucederá a continuación? En primer lugar pierde a su limpiador, lo cual significa que deberá acarrear consigo aquellos parásitos que lo están afectando, en segundo lugar también deberá buscar otro pez limpiador pero con la desventaja que deberá empezar de cero el proceso de formar la confianza suficiente para que el limpiador sea su *permanente*; a todo esto, vamos a sumarle la premisa de que su hambre no pasó, dado que el pez es pequeño, por lo que no representa nada ante su dieta. Por sobre todas las cosas, nos hacemos ahora una pregunta mucho más profunda y es

¿Cómo hacer que la coincidencia de necesidades se aplique en todo momento e informemos el valor de aquello que

10

queremos transmitir?

Y es ahí donde la evolución del dinero nos muestra la cooperación. Pero antes de ir mucho más allá de la cooperación, veamos que esto también se da en más ámbitos de la naturaleza. Pongamos de ejemplo a dos monos que se están rascando mutuamente la espalda y están en búsqueda de garrapatas las cuales qué está rascando los termina por utilizar de alimento.

Aquí hacemos dos cosas muy particulares: primero es si el otro mono le da una banana, la pregunta es, ¿Cómo supo cuál es el valor que el otro le está otorgando a su trabajo? y por sobre este surgen otras preguntas: ¿Cómo llegó a la conclusión de que una banana era en por la cual el otro daba por su servicio ¿No debería ser dos?, ¿No debería ser tres?

Evolución de la cooperación

El ser humano evoluciona en diferentes aspectos y es que mientras más numeroso sea el conjunto de personas que está a su alrededor mayor será la confianza requerida para cooperar, según vemos en el siguiente gráfico:

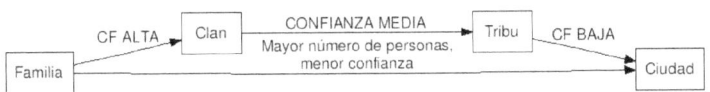

Mientras menor el número de personas, mayor es la confianza;
mientras mayor el número de personas, menor es la confianza.
Gráfico del autor basado en Szabo (2005).

La familia es el núcleo central, donde la confianza es muy alta, se relaciona con sus pares humanos desde el momento de su nacimiento. Las relaciones sociales resultaron fructíferas, dado que las madres se quedaban a cuidar a los pequeños y los demás salían a cazar. Algo que aprendieron en esos miles de años es que el espectro familiar crecía y viene formándose el clan, conformado de su misma familia y miembros de su familia adjunta. La confianza en este punto se mantiene alta pero disminuye en cierto grado debido a que empieza a involucrar personas de un segundo anillo.

Hablamos de una confianza media cuando más clanes se unen y conforman lo que conocemos como una tribu, en dónde el número de personas empieza a crecer por lo que la confianza entre los pares decrece pero va creciendo el número de personas que se unen. Finalmente, cuando la tribu ya era lo suficientemente grande, se constituían en una ciudad, la cual el nivel de confianza era baja y se necesita de un instrumento que garantice la confianza entre todos.

Círculo social

Según Nick Szabo, una de las maneras más lógicas de contribuir a la unión de círculos sociales es el matrimonio es donde hay una Unión de la oferta y la demanda y se constituye está mediante:

- Pagos o dotes es la manera en la cual las dos familias llegan a un acuerdo de necesidades y contribuyen mutuamente para tener nuevas bases. Es la unión de dos familias, quienes unen sus recursos para fortalecer el paso de información biológica e histórica. Un punto para comprender esto es cuando hablamos de elementos familiares como joyas, atuendos, elementos históricos entre otros.

- Contribuciones: La manera de transmitir información de una familia a otra sin estar conectada de manera directa es mediante un aporte, en algunos casos simbólicos de objetos o elementos que permitan discernir la importancia de los receptores para el emisor.

- Coleccionables: La familia le otorgaba todos sus instrumentos de valor para que la información de valor pase a la siguiente generación, esto incluye en muchos aspectos también botines de guerra, objetos familiares o elementos religiosos que dan un realce a los elementos. Cabe destacar que estos elementos se concentran mucho más en artefactos que, a la vista de otros no posee un gran valor pero al poseedor de dicho artefacto representa un paso importante de información.

Cuando los coleccionables ya no alcanzaban la velocidad de la transacción suficiente, empieza a ganar terreno otros medios de que ayuden. Ahora bien, para poder ganar confianza además de acelerar los procesos comerciales se necesita un medio de intercambio ágil. Usemos de ejemplo a la familia de partida así como se muestra en el siguiente gráfico:

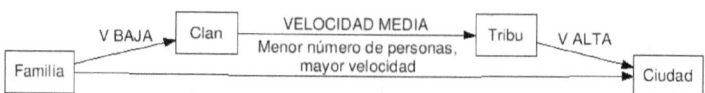

Mientras menor el número de persona, menor será la velocidad de transacción. Mientras mayor el número de personas, mayor el número de transacciones. Gráfico del autor basado en Szabo (2005).

En la familia la confianza era muy alta y la velocidad de la transacción muy baja; a medida que vamos creciendo, en el clan la tribu o la ciudad la velocidad de la transacción se vuelve más alta. Es decir, a mayor número de personas que están dentro de una transacción, mayor será la velocidad que requiera está para finalizar la transacción. El elemento principal qué tenemos al día de hoy para transmitir la información de valor o para qué tengamos información precisa de que eso que queremos intercambiar tenga valor, debe contar necesariamente con algunas propiedades básicas como:

1. Que no sea fácil de romperse y seguro contra accidentes: no usamos un vaso de agua para hacer intercambios de bienes y servicios o transportarlo como algo de valor, debido a que este es muy propenso a romperse mientras que un diamante sería mucho más eficiente para este función en particular.

2. Que sea difícil de falsificar: mientras más fácil de falsificar el objeto de intercambio, menor será el valor que esté posea o, dicho de otro modo, mientras más fácil sea de hacer una réplica del objeto en sí, menor será el valor que tenga.

3. Que sea fácil de verificar: que no perdamos mucho tiempo viendo si el objeto de intercambio es falso o tiene alguna alteración de sus dueños anteriores. Este paso será crucial para entender más adelante nuestro actual sistema monetario pero de pronto, concentrémonos en lo principal que es la facilidad de percibir el objeto como verdadero o falso.

Tipos de dinero

Durante la evolución humana, diferentes tipos de dinero se usaron, son tantas que resultaría ineficiente señalarlas todas pero podemos resaltar cuatro de los más conocidos y aunque esto no sea algo de orden cronológico, nos da a entender y comprender qué tipo de dinero se estaba utilizando a lo largo de la historia.

Frutas y verduras

Este tipo de dinero fue uno de los primeros utilizados y te permitía intercambiar diferentes maneras de alimentación, recordemos que necesitamos nutrientes para que el cuerpo funcione eficientemente, por lo que teníamos a los recolectores, quienes intercambiaban diferentes fuentes de calorías necesarias para la subsistencia.

Ganadería

Si bien los cazadores-recolectores estaban desarrollándose y tenían como piezas de valores también para el intercambio, fue el ganado lo que permitió intercambiar bienes y servicios, ya no solamente proveerte energías calóricas, fue más allá también pues, anexo al animal, también permitía al humano crear energía en forma de alimentos, como por ejemplo las gallinas y los huevos o la vaca con su leche. Esto vendría a costa de un sacrificio enorme y es la pérdida de movilidad de las familias, tribus, clanes y otros para empezar a establecerse en determinados lugares[9].

Esto sería el inicio del establecimiento de lugares estáticos y el nacimiento de la industria agropecuaria así como la explotación de la tierra para fines alimentarios.

Objetos de escasez

La función del dinero es social y los objetos escasos fueron de los primeros en utilizarse no solamente para intercambios, sino también cumplían un rol en las tribus o ciudades. Las conchas marinas son un perfecto ejemplo de este tipo de dinero, se utilizaba en África, Asia, el Pacífico y entre los nativos en el norte de América como una forma de dinero y en diferentes civilizaciones en África, además del rol de dinero, se usaba para la adivinación en rituales religiosos.

---

[9] Una crítica muy interesante al meollo de la sociedad lo hizo Harari quien afirma que, una vez que las personas empiezan a recolectar los beneficios agro-ganaderos, empiezan a establecerse la sociedad moderna, para bien o para mal. Más información de esto, puede encontrarse en Harari, Yuval N. 2015. *Sapiens: A Brief History of Humankind*. Translated by John Purcell, Haim Watzman, and Yuval N. Harari. N.p.: HarperCollins.

La metalúrgica

La metalurgia como técnica estudia obtención y tratamiento de minerales así como la producción de aleaciones. Esta se utilizó para aplicarlo en la acuñación de monedas utilizando valores, medidas y tipos de materiales específicos. Generalmente entre los metales con mayor valor en el mercado figuraron el oro, plata, platino, cobre, niquel, zinc, hierro y muchos más. En las monedas primitivas, las técnicas utilizadas, además de las mencionadas también incluían algunas marcas distintivas para desincentivar la falsificación de la moneda.

Aparece la confianza

Estos son algunos de los ejemplos de cómo la moneda evolucionó pero la pregunta principal que queda hacernos en el paso del tiempo es: ¿cómo verificamos que ese dinero realmente tiene algún tipo de valor? es decir, volvemos a la pregunta de, ¿cómo hacemos que sea fácil rápido y eficaz de verificar?

Diferentes tipos de soluciones a lo largo del tiempo más eficaz que se demostró en los últimos 800 años de nuestra historia y de hecho, se probaron diferentes técnicas pero, para fines prácticos, salteamos una parte de la historia y vamos a una de las soluciones modernas que fue la creación de instituciones que actúan como intermediarios para verificar las monedas y acelerar las transacciones.

Nacen los bancos y dentro de estos también aparecen soluciones como las notas de monedas, o dicho de otro modo, un documento el cual expide el banco sosteniendo que posee una cantidad determinada de algún tipo de metal, sea este oro, plata, bronce oro otros. La pregunta es ¿Se resolvió el problema? La respuesta es sí, la confianza depositada en la autoridad no solamente aceleró las transacciones sino que también hacían mucho más fáciles de transportar las riquezas y eficiente en el espacio.

Para entonces, debemos entender el proceso que hemos estado describiendo: **hemos pasado de confiar en algo para confiar en alguien** y ese quién, es alguien que te expedirá un documento el cual estaba respaldado un tipo de valor físico.

¿Quién define que es el dinero?

Es una de esas preguntas existenciales que parecería no tener respuesta fácil pero realmente, hay un modo de identificarlo y la historia nos cuenta diversas facetas de como esto va desarrollándose.

El primer ejemplo que usamos es el uso de las piedras rai en la isla Yap en lo que hoy conocemos como Micronesia. Estas son piedras circulares hechos de caliza y tiene un agujero en el medio mismo, las piedras son enormes y pueden llegar a pesar hasta cuatro toneladas. El uso que se le da a dicha piedra se basa en el consenso social de cuanto valor tiene y eso se define mediante diferentes factores, como por ejemplo, si la piedra la cual deseo inscribir ha sido transportada por algún heroe o fue usada en algún hecho histórico, la piedra en sí aumenta su valor.

Los habitantes también le daban una posición social: vale la piedra que posee un *noble* que un plebeyo o alguien con una posición social superior. Las piedras se usaban no solo para definir el valor economico, se tallaba en la misma pactos como matrimonios, alianzas políticas, pagos entre otros. La gran desventaja de esta piedra residía en que era demasiado grande y su transporte no era el más adecuado por lo que su uso requería una mezcla de tradición escrita y oral para hacerla completa[10].

En el siglo XVII, las colonias británicas se enfrentaban a un problema comercial: no había suficiente monedas en circulación para cubrir la demanda de aquellos tiempos. La Corona tenía una preferencia por las monedas para el pago de impuestos y la realidad es que los colonos no podían comerciar mucho.

¿La solución? Los wampums[11], al principio los colonos eran escépticos de esta *moneda* pero la realidad es que al aceptar este medio de intercambio, el comercio experimentó un repunte tan importante que, para mitades del siglo XVII los bancos en las colonias emitían prestamos con wampums.

No fue para siempre esto, luego de darse cuenta la escasez de monedas, la Corona restableció el orden monetario y volvió *a la normalidad* pero nos deja una enseñanza clara: el dinero es

---

[10] Idem. Harari, Yuval N. 2015. *Sapiens: A Brief History of Humankind.* Translated by John Purcell, Haim Watzman, and Yuval N. Harari. N.p.: HarperCollins

[11] **Wampum** es un cordel o cinturón de abalorios, en su mayoría hechos por cuentas tubulares de conchas de *Busycotypus canaliculatus*, usados tradicionalmente como moneda por algunos nativos de la Confederación Iroquesa. Era un coleccionable también, pues era considerado como sagrado.

aquel instrumento tecnológico que, dadas las circunstancias del momento, tiempo, espacio, necesidad que la comunidad elija que es, el dinero está lejos de ser una propiedad exclusiva de un ente monetario[12].

---

[12] Si quieres profundizar sobre este episodio histórico extensivamente, lo encuentras en Cardozo, N. (2020, 14 septiembre). *La Hora Cripto #29: El dinero comunitario.* https://lahoracripto.substack.com/p/la-hora-cripto-29 -el-dinero-comunitario

2

El dinero hoy

Ahora hagamos un salto acelerado en el tiempo, pasemos a nuestra actualidad.

El dinero fiduciario es la norma vigente en la mayoría de los países del mundo. En más de 80% de los casos, el dólar de los Estados Unidos es la moneda por defecto del comercio mundial. A pesar de que cumple sus prospecto de salabilidad espacial[13], los recientes 50 años fueron cambiantes en cuanto a políticas monetarias, encontrándonos en algunas desventajas.

1. Centralizado: Tenemos un sistema que depende de una autoridad central y se administra una política monetaria en todas las instituciones financieras tanto públicas como privadas, quiénes tienen el deber colaborar de un modo u otro bajo la supervisión de esta. Citando al tío Ben dentro de la saga de Spider-Man, *"un gran poder conlleva una gran*

---

13 La salabilidad espacial es la capacidad que tiene el dinero de transportarse con la mayor facilidad posible de un lugar a otro. Este concepto lo trata mucho mejor Ammous, S. (2021). *The Fiat Standard: The debt Slavery Alternative to Human Civilization.* Saif House.

responsabilidad" y dentro de las implicancias económicas, hemos dado un poder sin igual a las instituciones monetarias. Lo cual se traduce a la vez en otras desventajas.

2. Corrupción: El poder de crear dinero con un visto bueno genera enormes oportunidades de malversación de responsabilidades. Para poner ejemplos, tenemos ejemplos de cómo la banca internacional omite adrede sus deberes legales para favorecer dinero proveniente de actividades relacionadas a la corrupción, tráfico de armas entre otros crímenes[14].

3. Mala administración: La mala implementación de políticas monetarias conlleva a quienes están en el poder a no responsabilizarse por sus actos y terminan por buscar salidas poco beneficiosas para los usuarios, como pasó en el año 2008 durante la crisis inmobiliaria, que, para salvar a las instituciones financieras, se utilizó paquetes de estímulos de más de 700 mil millones de dólares; esto termina impactando de manera directa a los usuarios del dinero en sí, traduciéndose en una devaluación brutal[15].

4. Ilimitado: Tenemos un sistema que actualmente se basa en la confianza emanada en la autoridad central. La autoridad tiene el total respaldo para crear la cantidad de masa monetaria que considere necesaria y razonable para

---

[14] Un caso muy sonado es el HSBC, una de las bancas más grandes del mundo, quienes hacían movimientos grandes para esconder dinero proveniente del narcotráfico. Puede ver más en: https://www.icij.org/investigations/fincen-files/hsbc-moved-vast-sums-of-dirty-money-after-paying-record-laundering-fine/

[15] El documental *Inside Job* (2010) explora la crisis inmobiliaria del 2.008 con los principales actores de la catástrofe. Es muy recomendado revisar este material para comprender los pormenores de aquella crisis.

el desarrollo económico de un país. Esto es un problema, dado que cuando ves que tu dinero cada vez te permite comprar menos, no se trata tanto de que los precios subieron sino que tu poder de compra (adquisitivo) ha estado disminuyendo, mucho más incluso en la última década.

5. Semi-digital: Es cierto que la mayor parte del sistema financiero actual reside de modo digital pero al final del día, tenemos una dependencia absoluta de una autoridad, las decisiones están centralizadas en un grupo pequeño de personas. Un dato que hay que tener en cuenta es que cada vez existe menos dinero físico, servicios como tarjetas de créditos, procesadoras de pago online entre otros hizo el paso del dinero físico al digital bastante cómodo. Lo que aquí, en este punto, la institución encargada de las políticas vigila es que los bytes que representan la cantidad de moneda en circulación no sean carentes de validez. ¿Más fácil? Se encargan de que no haya una falsificación del dinero.

Todo lo mencionado anteriormente, nos trae al mismo punto de partida del dinero y es cómo mantener los procesos de intercambios de bienes y servicios al ritmo global de hoy pero logrando verificar la autenticidad del dinero. **Ahí es donde entra Bitcoin** como una solución al problema específico.

Qué es bitcoin

Bitcoin es una red consensuada que permite un nuevo sistema de pago, es una moneda completamente digital, es la primera red que utiliza redes de computación como forma de pagos descentralizados impulsados por sus propios usuarios sin depender de una autoridad centralizada, que, en este caso puede percibirse en la figura del Banco Central o una institución financiera así como diferentes tipos de intermediarios[16]. Desde otro punto de vista, bitcoin es el internet del dinero y para comprender mejor sobre cómo funciona una tecnología en forma de información de dinero, hay que diferenciar en dos puntos de vista:

- Tenemos a **B**itcoin con una B larga mayúscula qué se utiliza en la literatura cuando hablamos de protocolos de tecnología o dicho de otro modo, cuando hablemos de una red de pares que se conectan las unas con las otras.
- Tenemos a **b**itcoin con una B minúscula que en la literatura se utiliza para hablar de la moneda, la información de valor que se emite a través de la red de pares.

Visiones

Llegados a este punto nos preguntamos **qué es bitcoin** y las respuestas son demasiados amplias, pues a cada persona que preguntes tendrá una respuesta diferente y eso es bueno. Aquí tengamos en cuenta que hay muchas visiones así como narrativas de qué es, para qué sirve, para qué se utiliza o su finalidad.

El elefante y los ciegos

---

[16] Recomiendo leer completo el whitepaper de Satoshi Nakamoto. Nakamoto, S. (2009). *Bitcoin: A Peer-to-Peer Electronic Cash System* (Artículo Cientifico N.º 1; p. 9). https://bitcoin.org/bitcoin.pdf

Cuenta la historia desde que 9 ciegos cercaron a un elefante y empezaron a preguntarse a qué se acercaron o ante qué están. Entonces uno por uno empezaron a decir en voz alta qué es lo que estaba sintiendo. "Esto es una pata"- exclamó uno, "esto es un colmillo"- le replicó el otro, "están todos equivocados esto es una cola", "no es así, porque estamos ante una oreja", "es que todos están equivocados porque aquí tenemos una panza"

¿Quién de todos los ciegos estaba en lo correcto? Obviamente todos estaban en lo correcto estaban persiguiendo en diferentes partes un mismo animal.

Visiones de bitcoin

Bitcoin al ser un protocolo de tecnologías se puede utilizar de diferentes formas[17] y algunas de las más comunes, conocidas y mencionadas frecuentemente son:

- Moneda: Su primera aplicación al momento de salir el 3 de enero, es de una moneda que se puede utilizar para cambiarlo por bienes y servicios, cumpliendo efectivamente todas las funciones monetarias que cumplen las otras monedas de diferentes denominaciones.
- Tecnología: El bitcoin combina diferentes protocolos de tecnología con los que fueron saliendo en el paso del tiempo y qué juntos se utilizan para enviar y recibir de

---

[17] Sobre esto y extensivamente, puede leerse más en: https://medium.com/@nic__carter/visions-of-bitcoin-4b7b7cbcd24c

valor de una manera muy eficiente y a muy bajo costo.

- Ahorro: El bitcoin posee una política monetaria que vive en su código y del cual gracias a su programación y mecanismo de consenso con emisión limitada, nos permiten calcular la emisión monetaria y de esa manera proteger valor de la inflación. Es una buena moneda para ahorrar.

- Inversiones: Para empezar a utilizar bitcoin las restricciones o completamente nula dado que solo se necesita una billetera para interactuar con las cadenas de bloques y empezar a utilizarla para efectuar diferentes maniobras financieras que comúnmente están reservadas a brokers, exchanges, alguna institución de activos o valores.

El nacimiento de patrones

Ahora viene la pregunta clave de cuándo empezamos a comprender sobre criptomonedas: ¿Cómo una moneda define su valor? Para ello, los humanos realizan doctrinas y estándares económicos que nos ayudan a determinar la salabilidad de una moneda, teniendo en cuenta todo lo mencionado previamente, comúnmente llamado patrón. El primero y más conocido es el **patrón oro**, el cual se determina cuánto vale tu dinero de acuerdo a una cantidad determinada de oro.

Este patrón surge con el objeto de facilitar el cambio y acelerar la velocidad de las transacciones dado que el oro, si bien era fácil de transportar no era muy seguro salir de expediciones con ella, por lo que las instituciones financieras utilizar instrumentos de créditos forma de papel moneda establecía que ese papel moneda equivalía a una cantidad determinada de oro. Por ejemplo, según el *Golden Standard*

Act del año 1900 un dólar americano (USD) equivalía a 20.67 Oz. de oro lo cual, implicaba que cualquier persona que tenga USD 1, podía acercarse a un banco y reclamar esa cantidad de oro. Falla el banco en proveer esa cantidad determinada de oro que se desea intercambiar y su reputación cae, cayendo en un espiral que finalizará en bancarrota por mala administración.

Otro sistema de **patrón utilizado es el fiduciario o fiat**, el cual es una imposición legal cuál estado administra la moneda de curso legal a través de una política monetaria. Se incentiva su uso mediante la compra de bonos del tesoro, es decir, emisión de deuda. El dinero en sí no posee ningún tipo de respaldo salvo el efecto legal impuesto por el estado.

Propiedades monetarias

Para comprender mejor esta sección, y para relacionar todo con los orígenes del dinero, es importante señalar que el dinero posee ciertas propiedades que lo hacen una mejor herramienta para el intercambio de bienes y servicios así como otras actividades. Usamos como punto de partida el ensayo de *"La Tesis Alcista de Bitcoin"*[18] en la cual se mencionan algunas propiedades esperadas del dinero.

- Durable
  El dinero debe ser algo que pueda sobrellevar con el tiempo. Una manzana o una verdura por lo tanto no sería

---

[18] Boyapati, Vijay. "The Bullish Case for Bitcoin". *Medium* (blog), 5 de abril de 2022. https://vijayboyapati.medium.com/the-bullish-case-for-bitcoin-6ec c8bdecc1.

una buena manera de mantener determinado valor en el tiempo, a pesar de que se pueda utilizar como moneda

- Portable

El dinero debe ser fácil de transportar. Sí bien es cierto que la ganadería es uno de los rubros rentables y se puede intercambiar por una casa o bienes de alto valor, su transporte es ineficiente y muy costoso, al contrario de un brazalete de oro o un coleccionable familiar de plata.

- Fungible

Decimos que el dinero debe ser fungible porque necesitamos combinar una moneda con la otra para incrementar el valor o hacer algo superior. Si junto dos billetes de USD 2 cada uno, incrementará el valor automáticamente a USD 4; el oro y el papel moneda son buenos para esto, contrario a lo que sería un diamante los cuales presentan irregularidades en tamaño y calidad.

- Verificable

El dinero que yo estoy recibiendo debe ser fácil de verificar para que yo pueda aceptarlo como algo auténtico. En este punto en particular, debemos recordar que este fue uno de los principales focos de atención en cuanto a tecnología hablando, dado que verificar una moneda llevaba tiempo y esfuerzo. Un comerciante del siglo II DC debía verificar si la moneda pasaban era pura o venía mixta con otro tipo de minerales, debía verificar que el mismo no tenía ningún tipo de rayaduras o anexiones.

Justamente en este punto es cuando nace la figura de una institución financiera que haga el trabajo de verificar las monedas y no solamente verificar, si no también un paso más allá hacen la acuñación de monedas. El precio que pagamos al confiar en estas instituciones es de las comisiones por transacción generada que vienen en forma de tributos para el estado, comisiones para la institución financiera en aras de mantener su sistema de procesamiento de pagos.

- Divisible

Una moneda buena cuando podemos subdividirla en pequeñas fracciones. La ganadería fue una moneda primitiva pero subdividir a un animal tiene un costo muy alto por lo que necesitamos elementos que ayuden a transmitir el valor mucho más rápido y en fracciones más diminutas el valor de de un producto o servicio.

- Escaso

La moneda debe ser difícil de falsificar o de crearse dado que si es fácil de crearla, entonces, su valor se reduciría mucho pues está al alcance de todos. Es por eso que una piedra usualmente no tiene valor pero el oro al tener una escasez o alcance limitado fue una excelente moneda.

- Historia

En la filosofía probabilística, esto es conocido como el efecto Lindy[19], mientras más tiempo sea percibido por la sociedad que es un bien valuable, mayor será su atractivo para ser un objeto de almacenamiento de valor.

- Resistente a la censura

En la era del internet, este nuevo atributo viene a acomodarse como un requisito monetario. En una sociedad con vigilancia poco ética y censura selectiva, es importante que el dueño del dinero pueda mantener propiedad en

---

[19] Un resumen breve de esto es que las cosas no perecederas, mientras más tiempo pase, mayor el valor que adquiere. Para más información de esto, verificar en el libro Antifrágil de Nassim Taleb.

contra de regímenes que están intentando tomar control de su capital.

Modelo monetario actual

Nuestro modelo monetario que vive en lo digital en realidad no es digital cómo lo habíamos pensado, dado que todo el sistema y estructuración financiera tiene por objeto su supervivencia mediante el cobro de las comisiones y se vería más o menos desde esta estructura:

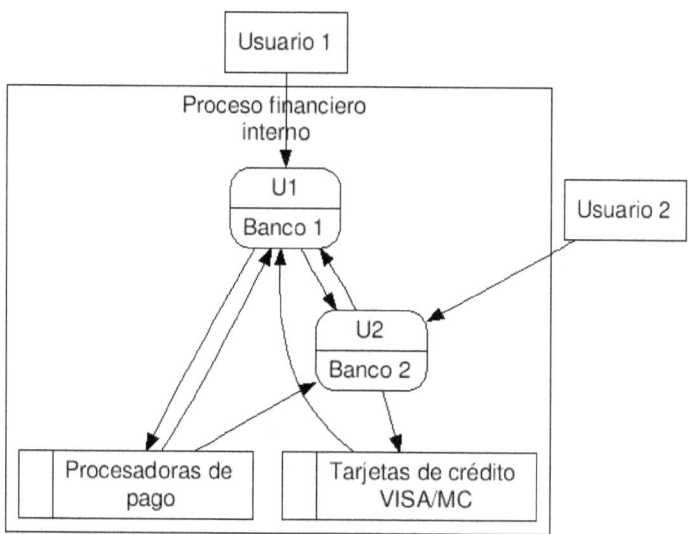

El modelo de procesamiento de pagos depende de las comisiones generadas entre las instituciones y entidades participantes

Bitcoin, en cambio, es un sistema el cual trae estructuras que lo permiten ser la moneda ideal del internet ya que no depende de las comisiones como forma de ganancias, entonces hablamos de que su valor se mide de diferente forma. **No se mide el volumen de transacción, sino que es el peso en kilobytes (kb)**.

Nos referimos a que una transacción puede tener el monto equivalente a USD 1 o USD 1.000.000, **para la red es lo mismo, dado que no se mide el valor sino cuánto pesa la transacción**. Ambas transacciones pueden pesar 100 bytes y pagarán el mismo monto por la comisión de minería. Dicho de otro modo, se incentiva la descentralización lo que se quiere lograr es que sea imposible de falsificar la transacción.

Incentivos de bitcoin

El modelo del incentivo que usa Bitcoin es muy simple, se trata de una red que tiene la confianza al mínimo (casi nulo), dado que todo tiene que verificarse. Cuando tienes dinero en el sistema tradicional puedes recurrir a confiar en otra persona que te pagará o que te depositara el dinero en un tiempo determinado, o sea, estás confiando en otra persona para hacer una transacción y lo mismo pasa con el banco en el cual tú haces un giro, depósito o extracción de dinero, estás confiando que el banco cumplirá su palabra para depositar o extraer el valor.

El modelo de bitcoin funciona del siguiente modo. Ten en cuenta que lo que veremos a continuación, puede darse como punto de origen en cualquiera de los mencionados.

1. Nuevos usuarios

   Los nuevos usuarios abren una wallet y se crean direcciones nuevas para recibir sus primeros bitcoins pues escucharon cosas buenas, saben qué es seguro y deciden usarlo (supongamos) como forma de ahorro.

2. Aumenta la demanda

   Al ingresar nuevos usuarios la demanda empieza a aumentar, mientras que la oferta de bitcoins se mantiene según el protocolo, es decir, un bloque de bitcoin se crea cada 10 minutos en promedio. Tenemos por un lado una oferta en promedio y una demanda en crecimiento.

3. Empresas interesadas

   Al ver la cantidad de personas que están interesadas en adquirir productos y servicios en torno a bitcoin, empresas y empresarios empiezan a invertir capital para intentar satisfacer la demanda creciente.

4. Red valuada

   El aumento de la cantidad de transacciones hace que se dispare el número de hashes necesarios para violentar o sacudir de manera negativa la cadena de bloques, por lo que se hace cada vez más seguro el uso de bitcoin.

5. Nuevos Mineros

   Al ver que las transacciones aumentan, aparecen nuevas personas interesadas en proveer voluntariamente su energía y pone a disposición sus equipos para proveer de hashes a la red, lo cual hace que haya personas y empresas interesadas en ofrecer sus talentos.

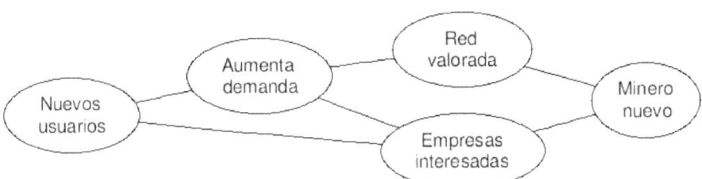

*Todas los incentivos se alinean entre sí pues cuando la cooperación
es grande, todos ganamos.*

En conclusión, el modelo económico de bitcoin se basa en
una rueda de incentivos en el cual la confianza se mantiene
al mínimo, **teniendo la verificación como eje principal**. Si
estuviéramos hablando de un modelo de verificación iríamos
al modelo de duelo mexicano, que es similar a lo que vemos a
continuación:

Nadie confía en nadie. Todos verificamos.

Es decir nadie confía en nadie, todos debemos verificar y si alguno de nosotros en algún momento del proceso, por algún motivo decide ser deshonesto e intentamos embaucar al otro, entonces los otros estarán interesados en extraerlo de la ecuación.

II

Bitcoin

(He estado trabajando en el diseño de Bitcoin) desde 2007. En algún momento me convencí de que había una manera de hacer esto sin la necesidad de confianza alguna, y no pude resistirme a seguir pensando en ello. Buena parte del trabajo fue el diseño del código. Afortunadamente, hasta ahora todas las cuestiones planteadas han sido cosas que previamente he considerado y previsto.

- Satoshi Nakamoto

3

Que es bitcoin

BITCOIN

Cómo funciona

Ya tenemos en consideración que el dinero es un protocolo de tecnologías y que evoluciona de manera natural, con o sin intervención de terceros. En esta segunda parte vamos a entender cómo funciona bitcoin y sus pormenores, dado que de esa manera, entenderemos los fundamentos de la moneda. En este capítulo hablaremos de Bitcoin desde un punto de vista tecnológico, recordemos que en el capítulo anterior llegamos a la conclusión que la moneda, mucho más que una simple herramienta, es una tecnología. Ya hemos definido bitcoin en el capítulo anterior, así que ahora ahondaremos y nos hacemos la primera pregunta clave:

¿Es nuevo el bitcoin como tecnología?

No. Cuando hablamos de la misma, ojo que no estamos hablando de algo que se creó de la nada, previamente a la salida del paper y la implementación del bitcoin, hubo otros casos en los cuales intentaron crear una moneda electrónica pero sin mucho éxito. Bitcoin se crea en base a muchos trabajos anteriores. Bitcoin es una moneda virtual, compuesto por diferentes arreglos matemáticos que da como resultado inmediato la creación de un protocolo de transferencia de datos.

Pero decir que esto es innovador sin tener en cuenta los trabajos anteriores es faltar a la verdad, de hecho bitcoin es el resultado de más de cuatro décadas de trabajos matemáticos y criptográficos. En orden cronológico, diseccionamos algunos de los más importantes protocolos que ayudaron a sentar las bases.

- 1974 - Robert E. Kahn/ Vint Cerf TCP/IP = El Internet

Este documento menciona los antecedentes de bitcoin, incluyendo la creación de TCP/IP por Robert E. Kahn y Vint Cerf en 1974, que permitió la creación de Internet.

- 1976 - Whitfield Diffie/Martin Hellman = New Directions in Cryptography

En 1976, Whitfield Diffie y Martin Hellman publicaron un artículo llamado "New Directions in Cryptography", que se considera uno de los trabajos más influyentes en criptografía moderna. En este trabajo, los autores propusieron el concepto de criptografía de clave pública, que revolucionó la forma en que se entendía la seguridad en comunicaciones electrónicas. Antes de este trabajo, la criptografía se basaba en el uso de claves secretas compartidas entre las partes que se comunicaban. La criptografía de clave pública permitió el uso de claves públicas y privadas, lo que hizo posible la creación de sistemas de comunicación seguros sin necesidad de compartir claves secretas.

El trabajo de Diffie y Hellman sentó las bases para el desarrollo de numerosos sistemas de seguridad y protocolos de comunicación, como el protocolo SSL/TLS utilizado en conexiones seguras en internet. Además, su trabajo inspiró a muchos otros criptógrafos a investigar en este campo, lo que ha llevado a avances significativos en la criptografía moderna y ha permitido el desarrollo de tecnologías como Bitcoin. En resumen, el trabajo de Diffie y Hellman fue un hito importante en la historia de la criptografía y abrió el camino para la creación de sistemas de comunicación seguros en la era digital.

- 1978 - Cripto-sistema de llaves públicas RSA

En 1978, Ron Rivest, Adi Shamir y Leonard Adleman desarrollaron el cripto-sistema de llaves públicas RSA, que permitió la creación de sistemas de comunicación seguros y la autenticación de datos en línea. Este sistema de encriptación utiliza una clave pública y una clave privada para cifrar y descifrar datos. La clave pública se comparte ampliamente y se utiliza para cifrar los datos, mientras que la clave privada se utiliza para descifrar los datos. El sistema RSA se ha convertido en uno de los sistemas de criptografía más utilizados en la actualidad, y es la base de numerosos protocolos de seguridad en línea, incluyendo SSL/TLS, S/MIME y PGP.

- 1980 - Sistemas de protocolos de Merkle, conocidos como los Merkle Tree

En 1980, Ralph Merkle desarrolló los protocolos Merkle Tree, también conocidos como árboles de Merkle. Estos protocolos permiten la verificación eficiente y segura de grandes conjuntos de datos. La estructura de árbol permite que los datos se dividan en bloques más pequeños y se procesen en paralelo, lo que mejora la eficiencia del proceso. Además, los árboles de Merkle permiten la detección de cualquier cambio en los datos mediante el uso de funciones hash criptográficas. Los protocolos Merkle Tree han sido utilizados en una variedad de aplicaciones, incluyendo la verificación de integridad de archivos, la autenticación de transacciones y la verificación de identidad.

- 1981 - David Chaum = Untraceable Electronic Mail, Return Addresses
- 1983 - David Chaum = Blind Signatures

En 1983, David Chaum publicó un artículo sobre "firmas ciegas", que permiten a una persona firmar un mensaje sin revelar su contenido. Esto significa que el firmante puede mantener su anonimato mientras que el receptor del mensaje puede verificar la autenticidad de la firma. Esta técnica de criptografía se ha utilizado en una variedad de aplicaciones, incluyendo la votación en línea y los sistemas de pago anónimos. El trabajo de Chaum en firmas ciegas sentó las bases para la creación de sistemas de privacidad y anonimato en línea, como la red Tor y las criptomonedas.

- 1985 Criptografía de curva elíptica
- 1988 - Manifiesto Criptoanarquista de Timothy C. May
- 1989 - DigiCash de David Chauman
- 1991 - Phil Zimmermann - PGP

Pretty Good Privacy, o PGP, es un sistema de encriptación de correo electrónico desarrollado por Phil Zimmermann en 1991. PGP utiliza criptografía de clave pública para proteger la privacidad de las comunicaciones electrónicas. Cada usuario tiene una clave pública y una clave privada. La clave pública se comparte ampliamente y se utiliza para encriptar los mensajes, mientras que la clave privada se utiliza para descifrarlos. Esto significa que solo el destinatario del mensaje puede leerlo, ya que solo él tiene la clave privada necesaria para descifrarlo. PGP también proporciona autenticación mediante el uso de firmas digitales, que permiten garantizar la identidad del remitente y la integridad del mensaje.

Desde su lanzamiento, PGP ha sido utilizado por miles de personas en todo el mundo para proteger su privacidad y seguridad en línea. Sin embargo, también ha sido objeto de controversia debido a su uso por parte de grupos terroristas y otros delincuentes para comunicarse de manera segura. En 1993, Zimmermann fue investigado por el gobierno de los Estados Unidos por exportar PGP sin la aprobación del gobierno, lo que llevó a un debate sobre el derecho a la privacidad en la era digital.

Hoy en día, PGP sigue siendo uno de los sistemas de encriptación de correo electrónico más populares y ampliamente utilizados en todo el mundo. Aunque ha habido críticas sobre su seguridad y usabilidad, sigue siendo una herramienta importante para proteger la privacidad de las comunicaciones electrónicas.

- 1991 Haber/Stornetta = "How to Time-Stamp a Digital Document"

En 1991, Stuart Haber y W. Scott Stornetta publicaron un artículo titulado "Cómo hacer una marca de tiempo a un documento digital". El objetivo del trabajo era proporcionar un método para certificar la existencia y la integridad de los documentos digitales a lo largo del tiempo. Para lograrlo, los autores propusieron una técnica que utilizaba funciones hash criptográficas para crear una cadena de bloques que contenía la marca de tiempo y un resumen del documento original. La cadena de bloques se almacenaba en un servidor de confianza, que podía ser utilizado para verificar la existencia y la integridad del documento en cualquier momento futuro.

Este trabajo sentó las bases para el desarrollo de tecnologías de cadena de bloques, incluyendo Bitcoin. La idea de utilizar una cadena de bloques para crear un registro inmutable de transacciones fue desarrollada por primera vez por Satoshi Nakamoto en 2008, y se basó en gran medida en los trabajos de Haber y Stornetta. La cadena de bloques de Bitcoin utiliza funciones hash criptográficas para crear una cadena de bloques que contiene todas las transacciones realizadas en la red. Cada bloque es enlazado al bloque anterior en la cadena, lo que crea un registro inmutable de todas las transacciones.

En resumen, el trabajo de Haber y Stornetta fue un hito importante en la historia de la criptografía y sentó las bases para el desarrollo de tecnologías de cadena de bloques como

Bitcoin. La idea de utilizar una cadena de bloques para crear un registro inmutable de transacciones ha demostrado ser una solución eficaz para una amplia variedad de problemas de confianza y seguridad en línea, y ha llevado a la creación de numerosas aplicaciones y proyectos innovadores en la era digital.

- 1991 Firmas de Schnorr

En 1991, Claus-Peter Schnorr propuso un nuevo método de firma digital, que se conoce como la firma de Schnorr. La firma de Schnorr es una técnica de criptografía de clave pública que permite a una persona firmar un mensaje de manera digital y autenticar su identidad. Esta técnica se basa en la dificultad computacional de resolver el problema de logaritmos discretos en un grupo finito. La firma de Schnorr tiene varias ventajas sobre otros métodos de firma digital, incluyendo su eficiencia computacional, su seguridad y su capacidad para admitir múltiples firmas en un solo mensaje. Además, la firma de Schnorr es resistente a los ataques de clave falsa y puede utilizarse para crear sistemas de autenticación en línea seguros.

La firma de Schnorr ha sido ampliamente utilizada en una variedad de aplicaciones, incluyendo sistemas de autenticación y transacciones financieras en línea. Además, la firma de Schnorr ha sido objeto de investigación continua, lo que ha llevado a mejoras en su seguridad y eficiencia. En resumen, la firma de Schnorr es una técnica de criptografía importante que ha sido utilizada en una amplia variedad de aplicaciones en línea y ha sentado las bases para el desarrollo de sistemas de autenticación y seguridad en la era digital.

- 1992–93 Proof-of-work para spam

Proof-of-work (PoW) es un protocolo de consenso utilizado en redes descentralizadas para validar transacciones y generar nuevos bloques en la cadena de bloques. Fue desarrollado por Adam Back en 1997 como una forma de combatir el spam y los ataques de denegación de servicio (DDoS) en línea. El protocolo PoW requiere que los usuarios de la red realicen un trabajo computacional para validar las transacciones y agregar nuevos bloques a la cadena de bloques. Este trabajo computacional consume una cantidad significativa de recursos, lo que hace que sea costoso y difícil para los atacantes realizar ataques de DDoS o spam. Además, el protocolo PoW recompensa a los usuarios que realizan trabajo computacional con nuevas criptomonedas, lo que incentiva la participación y la seguridad de la red. El protocolo PoW ha sido utilizado en una variedad de sistemas descentralizados, incluyendo Bitcoin y Ethereum.

- 1992–93 Manifiesto Cyperherpunk de Eric Hugues
- 1992 Movimiento Cypherpunk
- 1994 CyberCash
- 1996 E-Gold

E-Gold fue una moneda digital respaldada por oro que se lanzó en 1996 y se convirtió en una de las primeras en línea. Fue fundada por Douglas Jackson y Barry Downey y se basó en la idea de que el oro siempre ha sido un medio de intercambio confiable y estable a lo largo de la historia. E-Gold permitió a los usuarios comprar oro digital, que se podía utilizar para realizar transacciones en línea. El oro se almacenaba en bóvedas seguras y se podía comprar y vender en línea utilizando la moneda digital de E-Gold. Esto permitió a los usuarios realizar transacciones en línea de forma segura y privada sin la necesidad de utilizar tarjetas de crédito o cuentas bancarias.

E-Gold se convirtió en un éxito inmediato y atrajo a una gran cantidad de usuarios en todo el mundo. Sin embargo, también fue objeto de críticas y controversias debido a su uso por parte de criminales para realizar transacciones ilegales en línea. En 2007, las autoridades estadounidenses cerraron E-Gold y acusaron a sus fundadores de lavado de dinero y otros delitos financieros. Douglas Jackson se declaró culpable de los cargos y fue condenado a seis meses de prisión.

A pesar de su eventual caída, E-Gold sentó las bases para el desarrollo de monedas digitales respaldadas por activos, como el oro o el dólar estadounidense. Hoy en día, las criptomonedas como Bitcoin han llevado esta idea aún más lejos, permitiendo transacciones en línea seguras y privadas sin la necesidad de intermediarios financieros. En resumen, E-Gold fue un precursor importante de las criptomonedas modernas y sentó las bases para la creación de sistemas de pago en línea seguros, privados y descentralizados.

• 1996 NSA How To Make A Mint

En 1996, la Agencia de Seguridad Nacional de los Estados Unidos (NSA, por sus siglas en inglés) publicó un informe interno titulado "How To Make A Mint", que describía las posibilidades de crear una moneda digital anónima y sin rastro. El informe fue escrito por un grupo de criptógrafos, entre ellos David Chaum, uno de los pioneros en el campo de las monedas digitales. El informe describía cómo una moneda digital podría utilizarse para realizar transacciones en línea de forma segura y anónima, sin la necesidad de intermediarios financieros. Además, el informe proponía la creación de una entidad centralizada para emitir y controlar la moneda digital, lo que permitiría garantizar su valor y estabilidad.

El informe de la NSA fue uno de los primeros en explorar las posibilidades de una moneda digital y sentó las bases para el desarrollo de tecnologías como Bitcoin. Sin embargo, también fue objeto de controversia debido a su posible uso por parte de organizaciones criminales y terroristas. En resumen, el informe "How To Make A Mint" de la NSA fue un hito importante en la historia de las monedas digitales y sentó las bases para el desarrollo de sistemas de pago en línea seguros, privados y descentralizados.

- 1997 HashCash por Adam Back
- 1997 "Formalizing and Securing Relationships on Public Networks" de Nick Szabo
- 1998 "Secure Property Titles with Owner Authority" de Nick Szabo
- 1998 Bit Gold por Nick Szabo

"Bit Gold" fue un proyecto pionero en la exploración de una moneda digital respaldada por el oro. Fue propuesto por Nick Szabo en 1998 y se basó en la idea de que el oro siempre ha sido un medio de intercambio confiable y estable a lo largo de la historia. El objetivo de Bit Gold era proporcionar una forma segura y descentralizada de realizar transacciones en línea utilizando una moneda respaldada por el oro.

La idea detrás de Bit Gold era utilizar la criptografía para crear una moneda digital que tuviera un valor real en el mundo físico. Para lograr esto, Szabo propuso una serie de características para Bit Gold, incluyendo un sistema de prueba de trabajo para resolver problemas matemáticos y generar nuevas monedas, una base de datos descentralizada para registrar las transacciones y la posibilidad de convertir las monedas digitales en oro físico.

Aunque Bit Gold nunca se implementó completamente, sentó las bases para el desarrollo de criptomonedas respaldadas por activos, como el oro o el dólar estadounidense. Además, la idea de utilizar la criptografía para crear una moneda digital segura y descentralizada ha inspirado a muchos otros proyectos innovadores en el campo de las criptomonedas y la tecnología blockchain.

En resumen, Bit Gold fue un proyecto innovador que sentó las bases para el desarrollo de criptomonedas respaldadas por activos y la exploración de nuevas formas de realizar transacciones seguras y descentralizadas en línea. Aunque nunca se implementó completamente, su legado ha inspirado a muchos otros proyectos innovadores en la era digital.

- 1998 B-Money de Wei Dai

B-Money es un trabajo de Wei Dai publicado en 1998 que describe una propuesta para una moneda digital descentralizada basada en la criptografía. La idea detrás de B-Money era crear una forma de moneda digital que pudiera ser utilizada en transacciones en línea sin la necesidad de intermediarios financieros. Para lograr esto, Dai propuso una serie de características para B-Money, incluyendo una base de datos distribuida para registrar las transacciones, un sistema de prueba de trabajo para generar nuevas monedas y un sistema de reputación para evitar el doble gasto y otros ataques.

La propuesta de B-Money se basó en la idea de que una moneda digital descentralizada podría ser una solución efectiva para los problemas de confianza y seguridad en línea. Dai argumentó que una moneda digital podría ser utilizada para crear un sistema de pagos en línea seguro y eficiente sin la necesidad de intermediarios financieros costosos. Además, Dai propuso que la criptografía podría utilizarse para garantizar la privacidad y la seguridad de las transacciones, lo que permitiría a los usuarios realizar transacciones en línea sin preocuparse por la privacidad y la seguridad de sus datos.

Aunque B-Money nunca se implementó completamente, sentó las bases para el desarrollo de criptomonedas y sistemas de pago en línea descentralizados. La idea de utilizar la criptografía para crear una moneda digital segura y descentralizada ha inspirado a muchos otros proyectos innovadores en el campo de las criptomonedas y la tecnología blockchain. En resumen, B-Money fue un trabajo importante en la historia de las criptomonedas y sentó las bases para la exploración de nuevas formas de realizar transacciones seguras y descentralizadas en línea.

- 1999 Peer-to-peer (P2P)
- 1999 Byzantine fault tolerance
- 2000 Hash Trees
- 2001 BitTorrent de Bram Cohen

BitTorrent es un protocolo de intercambio de archivos entre pares desarrollado por Bram Cohen en 2001. El protocolo permite a los usuarios descargar y cargar archivos en pequeñas piezas desde y hacia otros usuarios en la red. Esto reduce la carga en el servidor original y aumenta la velocidad de descarga para el usuario. El protocolo BitTorrent utiliza un "enjambre" de usuarios para descargar y cargar archivos, lo que significa que los usuarios descargan y cargan piezas del archivo desde y hacia cada uno en lugar de descargar el archivo completo desde un solo servidor. Esto hace que el protocolo BitTorrent sea más resistente a las fallas de red y permite descargas más rápidas de archivos grandes.

El protocolo BitTorrent se ha convertido en una de las formas más populares de compartir archivos en línea y es utilizado por millones de personas en todo el mundo. Se ha utilizado para distribuir una amplia variedad de archivos, incluyendo películas, música, software y juegos. El protocolo también ha sido utilizado por muchas organizaciones para distribuir archivos grandes, como distribuciones de Linux y datos científicos.

El éxito de BitTorrent ha llevado al desarrollo de muchos otros protocolos de intercambio de archivos entre pares, así como a la creación de sitios web y servicios que utilizan el protocolo BitTorrent para compartir archivos. A pesar de su popularidad, BitTorrent también ha sido objeto de controversia debido a su uso en la compartición de material protegido por derechos de autor sin permiso. Sin embargo, el protocolo en sí no es ilegal y tiene muchos usos legítimos para compartir archivos. En resumen, BitTorrent es un protocolo de intercambio de archivos entre pares que ha revolucionado la forma en que se comparten archivos en línea y se ha convertido en una herramienta esencial para muchos usuarios en todo el mundo.

• 2001 Distributed Hash Tables

- 2002 SHA-2
- 2004 "Reusable Proofs of Work" de Hal Finney

En 2004, Hal Finney publicó un artículo titulado "Pruebas de trabajo reutilizables", que propuso una solución al problema de la escalabilidad en las redes de criptomonedas. El protocolo de prueba de trabajo utilizado en Bitcoin y otras criptomonedas requiere que los usuarios realicen trabajo computacional para validar las transacciones y agregar nuevos bloques a la cadena de bloques. Sin embargo, este proceso consume una cantidad significativa de recursos y puede limitar la escalabilidad de la red. El trabajo de Finney propuso una solución a este problema mediante la creación de pruebas de trabajo reutilizables, que permiten a los usuarios validar múltiples bloques con una sola prueba de trabajo. Esto reduce la cantidad de trabajo computacional necesario para validar las transacciones y aumenta la escalabilidad de la red.

Además, el trabajo de Finney propuso una serie de mejoras en la seguridad de las redes de criptomonedas, incluyendo la prevención de ataques de minería egoísta y la reducción de la posibilidad de ataques del 51%. En resumen, el trabajo de Finney fue un hito importante en la historia de las criptomonedas y sentó las bases para el desarrollo de soluciones innovadoras a los problemas de escalabilidad y seguridad en las redes descentralizadas.

Como vemos, bitcoin está lejos de ser algo nuevo pues utiliza diferentes combinaciones de protocolos, los cuales le permiten tener esta característica única. En su nucleo, se compone de hashes, transacciones y bloques. Veamos cada uno de ellos.

4

Hashes, Transacciones y Bloques

Hashes:

Conjunto de caracteres alfanuméricos que sirve para identificar el contenido de algo en una cantidad de caracteres. ¿Más simple? Es una mezcla de letras y números aleatorios únicos. Es una huella digital. La cadena de bloques (blockchain) en todo su ecosistema se componen de hashes.

Un hash **lo podemos crear** en diferentes generadores de hash SHA[20], lo que aquí es clave que entendamos en este paso es que los hashes son únicos. En el protocolo de bitcoin se utiliza el protocolo SHA256 (*Secure Hash Algorithm 256*). ¿Qué significa esto? Se entiende que la salida de los hashes -el resultado-

---

[20] SHA (Secure Hash Algorithm) es una función de hashes publicado por primera vez en el año 2001. Este tipo de algoritmos es frecuente utilizado en protocolos como SSL, PGP, SSH o autenticación de paquetes de softwares. ¿Más simple? Es una función criptográfica que sirve para proteger tus datos.

tiene 256 bits[21] que es de 64 caracteres. Es mucho mejor si lo visualizamos. Usemos de ejemplo una oración:

Nelson come pan

Esta oración lo ingresará en un generador de hashes[22] y obtendré el siguiente resultado:

```
bd2414922a6f6463a344817d49803ac4943869090ccf
1542bda3efed6bd24ad6
```

Dependiendo de qué generador utilice así como el protocolo (sha1, sha2...sha256), varía un poco el resultado pero en este caso si te fijas, usamos un protocolo SHA256 con 64 caracteres. ¿Te acordás que habíamos dicho que los hashes son únicos? Fijate que pasa cuando la oración

Nelson come pan

lo cambiamos de manera ínfima como

*Nelson come **P**an*

La *p* ahora lo hicimos en mayuscula. El resultado es el siguiente:

---

[21] El byte es una unidad de almacenamiento digital. En múltiplos de bits la escala sería: bit, kilobit (kb), megabit (MB), terabit (TB), etc.

[22] Para esta sección, utilizo este generador de hashes https://andersbrownwo rth.com/blockchain/hash

8b9c5db42c51e4d2a204a58105b96234c9eef6b5b96d0
36b61a4078eddb6de6a

Llegados a este punto, uno comprende que la oración es similar en todo sentido, salvo una palabra, que en este caso es la letra P, la cual contiene una mayúscula y la otra es minúscula. Resaltamos el hecho de que, a la más mínima variación que ocurra, por más minúscula que sea, involucra a toda la cadena.

Los hashes, además de usarse en la blockchain también se utilizan muy frecuentemente para protegerlas contraseñas de algún servicio en línea. Cuando algún servicio te pide que utilices contraseñas, estos lo guardan bajo el valor de hash de la contraseña, por lo que, es muy probable que la empresa o servicio que estes usando, desconozca tu contraseña.

Resumen

Entonces, resumiendo rápidamente, los hashes son números aleatorios únicos y existen a lo largo y ancho de la cadena de bloques.

Bloque

Un bloque es básicamente una caja de datos agregados que se incluye en la cadena de bloques. Este contiene datos que servirán tanto para transmitirse a la red, validar los bloques anteriores y próximos. El bloque en sí está estructurado y posee un hash único, el cual se utiliza para computar y continuar el protocolo. El bloque génesis[23] (bloque #0) tiene el siguiente hash:

```
000000000019d6689c085ae165831e934ff763ae46a2a
6c172b3f1b60a8ce26f
```

Recuerda que los bloques se van concatenando el uno con el otro y se van formando la cadena de bloques. Para los visuales, la anatomía de una cadena de bloques se vería de la siguiente forma:

Dentro de estos bloques, como vemos, existen las transacciones.

Transacciones

Llegado a este punto, estamos ante el componente principal que usamos para transmitir la información de valor de nuestros bitcoins. La transacción en simples palabras es el envío de datos que se crea, propaga, valida y transmite en la cadena de bloques. Todas las transacciones ocurren dentro de la blockchain. En muchas ocasiones, me he encontrado con personas que dicen haber pagado por bitcoins que nunca recibieron o le dijeron en otros casos que le enviaron pero estos afirman nunca haberlos recibido.

Punto importante a recalcar aquí, es que si no hay una transacción dentro de la cadena de bloques, no existió. El proceso para crear una transacción es bastante simple. Usaremos el camino

---

[23] El primer bloque de bitcoin https://mempool.space/es/block/0000000000
19d6689c085ae165831e934ff763ae46a2a6c172b3f1b60a8ce26f

del café, en el cual pagaremos una taza de café con bitcoin; una característica es que muchos lugares tienen etiquetado sus precios en la moneda local de su preferencia pero al usar bitcoins, en este caso, se puede tranquilamente convertir la moneda local a bitcoins.

Para nuestro ejemplo, dispondremos arbitrariedades: la primera es que 1 Bitcoin = 1 USD y la tasa de café cuesta 2 USD. Entonces, para poder pagar y que el otro reciba, el vendedor irá a su aplicación y mostrará dos cosas al cliente: un código QR y una dirección de bitcoin del siguiente modo:

```
bc1qfy7a3vazpxa70gcdw3ry8hlam3a86l9xmt7vnp
```

Una vez que este listo, su software le dirá que pasos realizar para continuar, algunas medidas de seguridad, firmará la transacción y listo. La transacción fue exitosamente enviada, a lo que si uno desea asegurarse si realmente la transacción ha sucedido, cada transacción genera un identificador único (hash) el cual puede ser verificado en cualquier explorador de bloques. El identificador único de transacción creado fue:

```
1fe2bb5894bb8bc329f27d60868309218961ebe0ea245524d1
486872d2774bae
```

Para visualizarlo, usaremos los servicios de Mempool Space:

```
https://mempool.space/es/tx/1fe2bb5894bb8bc329f27d
60868309218961ebe0ea245524d1486872d2774bae
```

Un dato interesante que vemos es que si tenemos un envío de USD 1 o USD 1.000.000 ocurriendo dentro de la cadena de bloques, ambas transacciones tendrán el mismo costo de envío. A continuación, tenemos dos transacciones:

- Identificador de transacción con volumen en USD bajo:

```
34cb5238a042ba45e069573b5f7d0e4f46aa2c71c651ff07c
dd752ca81b105
```

- Identificador de transacción con volumen en USD alto:

```
2b7f0e80db32b13c9252b6a2a19184cf16011770efa0567982
5aae2ce0e235c7
```

La transacción con terminación *105* está pagando más comisión que una transacción de volumen alto con terminación *5c7* y la pregunta es: ¿no debería pagar más el que es más grande en volumen? No, pues una de las ventajas de Bitcoin es que el valor de tu transacción no se mide en el volumen del valor de tu dinero, se mide en cuánto pesa una transacción en kilobytes.

Mempool

Cuando recién envías una transacción, puede que aparezca una leyenda en tu wallet que diga *unconfirmed transaction* o transacción sin confirmar. Esto es, debido a que cada 10 minutos en promedio, los mineros votan en la red para transmitir las nuevas informaciones a la cadena de bloques. En el trajín de espera, hay un espacio dedicado a las transacciones de tránsito llamado mempool.

Puedes imaginarte a la mempool como una sala de espera donde hay miles de personas (transacciones) esperando ingresar en una pieza (bloque). El método para evitar mucho tiempo de espera es informar a la red de tu urgencia, subiendo la comisión de transacción. Hay tres tipos de comisiones conocidas:

- Bajo: Sin urgencia. Estas transacciones suelen tardar ~4 horas o más en confirmarse en la red.
- Media: Urgencia media. Estas transacciones suelen tardar ~1-3 horas en confirmarse en la red.
- Alta: Urgencia inmediata. Estas transacciones suelen tardar ~10 a 45 minutos en confirmarse en la red.

Si tu transacción no requiere ninguna urgencia, lo usas -por ejemplo- para ahorrar o como parte de una compra programada, solo paga el fee más bajo.

Crear transacciones falsas

En muchos foros se ha dispersado la idea de que, con el suficiente poder de minería, uno podía hacer lo que se le cante, y entre las cosas que canta, transacciones falsas. La lógica (no siempre) suele ser que teniendo suficiente poder de cómputo -pool mining- uno puede generar bloques falsos y en ello tendrían una ventaja competitiva los mineros que trabajan en pool, dado que compitiendo contra mineros individuales, estos representan una gran desventaja.

Respuesta rápida: **no.**

La auditoría del bloque es tarea de todos. No importa cuanto poder de cómputo tenga uno(s) en el sistema en sí, pero ello no implica bajo ninguna circunstancia la adhesión por antojo de transacciones falsas.

La tarea del control de las transacciones y su posterior cruce de datos no pasa solo por las manos de los mineros, pasa también por todas las personas que están corriendo un nodo (aka, Bitcoin Core) y ello implica que, si una(s) persona(s) crea(n) transacciones falsas, esta será detectada automáticamente por los nodos, dado que estos también verifican la validez de la transacción. Vamos un paso más, si alguien intenta validar una transacción falsa, automáticamente será ignorada por el resto del bloque, lo cual implicaría problemas para el minero, que no recibirá su recompensa.

¿Pero pueden cooperar entre todos para crear transacciones falsas? En teoría, esto es correcto. En teoría. *El comunismo funciona, en teoría* diría el filósofo Homero Simpson. Vayamos al escenario donde hay un grupo de personas que están determinadas a hacer transacciones falsas e intentarían anexar a la cadena de bloques; primero que deberían insertar la transacción falsa en el bloque y supongamos que le sale bien. Perfecto. Al momento de que otra persona quiera validar esa transacción, el sistema en sí lo ignorará; recorda que es un rejuntado de personas quienes validan la transacción no el resto del mundo. El resto del mundo simplemente ignorará este pedido. Al momento de darte cuenta de esto, ya se ha invertido una cantidad considerable de tiempo y dinero para nada.

Superpoder minero

Eso sí, el poder minero se activa en el momento que hay un conflicto sobre la validez de la transacción: hay dos transacciones y no se sabe cual es la que debe ir en el bloque, el minero tiene la palabra final. Pero ojo, aquí hablamos de una transacción ya válida.

> *Una transacción en bitcoin es un relato que hacemos a la red, en el cual le contamos que hemos autorizado una transferencia de valor a otra persona. Una vez hecho este paso, el nuevo dueño puede hacer lo que se le plazca con sus nuevos bitcoins recibidos.*

Una vez confirmado, el minero lo transmite al bloque y una vez dentro de este, se genera un hash único del bloque. La generación de bloques se realiza mediante algo denominado mecanismo de consenso, que, en este caso, utiliza algo llamado prueba de trabajo o proof-of-work, un algoritmo que debe resolverse y la primera persona que lo resuelva, obtendrá una recompensa por haberlo resuelto, puede escribir sus transacciones en la cadena y además, percibir las comisiones correspondientes de las transacciones.

Como se crea un bloque en la cadena de bloques

El cómputo para que se resuelva esto es conocido coloquialmente como minería. Es una analogía que se realizó con aquellas personas que trabajaban en las minas para extraer oro de la tierra para que alguien más también pueda usarlo. Los mineros ejecutan programas de computación con software y hardware especializado para automatizar el proceso de creación y seguridad de la red. Los mineros:

- Colectan transacciones de la red
- Validan las transacciones
- Una vez validada, lo guardan en un conjunto de paquete de datos llamados bloques
- Hacen un proceso llamado hashing para encontrar nuevos bloques
- Suben los nuevos bloques a la red, añadiendo el bloque a la cadena de bloques, obteniendo una recompensa a cambio

¿Cuál es la recompensa?

El proceso en sí (resolución de problemas, creación y recompensa) es bastante difícil de explicar pero utilizaremos un ejemplo (muy) simplificado para entender cómo funciona el problema en sí.

Primero juntamos los datos: Haciendo el hashing (buscar el hash) correspondiente encontramos que el hash del último bloque es el bloque en sí, que es mucho más largo pero por el bien del ejemplo lo simplificamos a 30 caracteres:

```
00000000000001adf44c7d69767585
```

Después, seguimos juntando otros hashes que también están esperando ser incluidos:

```
5572eca4dd4
db7d0c0b845
```

Luego de ello, ya tenemos también la nueva transacción y su correspondiente hash que hemos encontrado que nos da la recompensa (6.25 BTC):

```
916d849af76
```

Una vez que tenemos los datos anteriores, estamos listos para el nuevo bloque. Este contiene los hashes mencionados previamente y también del bloque previo a este. Ahora ¿como se ve realmente? A continuación se muestra una aproximación a como se verá:

```
00000000000001adf44c7d69767585--5572eca4dd4-db7d0c0b
845-916d849af76--
```

Empieza la minería

La meta es completar el bloque con un **nonce**[24]. La primera pista es que el bloque nuevo inicia con 13 ceros, entonces asumimos que esa es la dificultad actual. Bitcoin utiliza doble sha256 para hacer hashing. Iniciamos la minería. Se intentará entonces *nonce = 1*, para iniciar el cómputo del hash. Se vería algo similar a:

```
> echo "00000000000001adf44c7d69767585--5572eca4dd4-
db7d0c0b845-916d849af76--1" | md5sum 8b9b994dcf57f8
f90194d82e234b72ac
```

Primer intento. Mala suerte. Como se notará en el ejemplo anterior, el hash no tiene un 0, tiene un 8. Entonces se prueba con *nonce = 2*:

```
> echo "00000000000001adf44c7d69767585--5572eca4dd4-
db7d0c0b845-916d849af76--2" | md5sum 5b7ce5bcc07a2
822f227fcae7792fd90
```

Tampoco. Mala suerte. Esta ocasión inicia con un número

---

[24] Un nonce o *nunmber can be only used once* (número que solo puede usarse una vez), en resumen, es un número arbitrario, una señal que se usa para iniciar la busqueda de nuevas propuestas de bloque. En combinación con el hash, el nonce evita que los bloques se dupliquen o que la información se altere. Para más información sobre esto, leer *Mastering Bitcoin* de Andreas Antonopolous.

5. Muchos intentos después, avanzamos hasta *nonce = 16* y finalmente obtenemos el cero que estábamos buscando.

```
> echo "00000000000001adf44c7d69767585--5572eca4dd4-
db7d0c0b845-916d849af76--16" | md5sum
03b80c7a34b060b33dd8fbbece79cee3
```

Como se nota el hash inicia ya con 0 pero recordemos que previamente habíamos establecido que el nivel de dificultad es 13, quiere decir que necesitamos 13 ceros. Por lo que avanzaremos hasta *nonce = 208* y obtenemos:

```
> echo "00000000000001adf44c7d69767585--5572eca4dd4-
db7d0c0b845-916d849af76--208" | md5sum
0055e55df5758517c9bed0981b52ce4a
```

En dicho ejemplo, tenemos dos ceros y cuando encuentres una solución algorítmica para 13 ceros en lugar de dos ¡acabas de minar un bloque! Y se te da la recompensa correspondiente. Aquí vemos un hash del bloque #*100*[25] que tenía 8 ceros por delante:

---

[25] https://blockchain.info/es/block/000000007bc154e0fa7ea32218a72fe2c1 bb9f86cf8c9ebf9a715ed27fdb229a

```
000000007bc154e0fa7ea32218a72fe2c1bb9f86cf8c9ebf9a7
15ed27fdb229a
```

¿Qué pasa a continuación? Hayas resuelto o no, vuelves a identificar los hashes como lo hicimos anteriormente e inicia nuevamente un nuevo bloque. Recuerda que debes ser el más rápido de todos, estás compitiendo contra otros mineros que también buscan la resolución.

Analogía. El casino.

Olvidemos en este momento que estamos usando el proceso de minería y fijemos nuestra concentración en una mesa gigante de un casino rodeado por muchas personas, miles de personas alrededor de una mesa gigante. Cada persona tendrá 13 dados y todos al mismo tiempo debemos tirar los dados buscando un número en concreto.

El objetivo actual es buscar que nos salgan 12 ceros y un número cualquiera. El primero que logre sacarlo, podrá reclamar la recompensa y escribir su bloque en la cadena. Entonces, empezamos a tirarlo, recoger nuestros dados y volver a tirarlo hasta el cansancio, una y otra vez. Para visualizar mejor el proceso de minería, sería así:

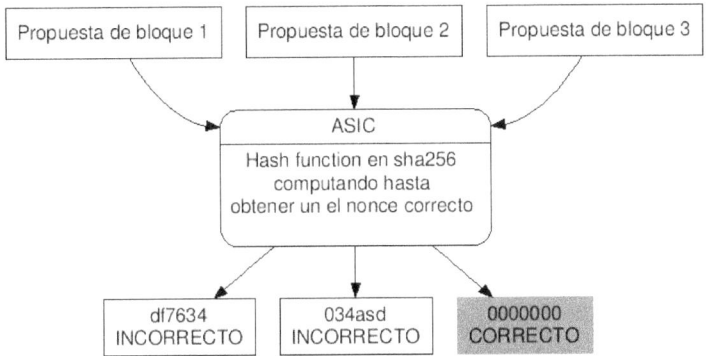

Todos hacen una propuesta hasta que alguien acierta.

El ajuste de dificultad

Hacer minería no es lo mismo hoy de lo que fue en 2009, 2014, 2017, 2020 u otros años también. Quizás hayas visto una de las tantas fotos en la cual hay cientos de aparatos especializados en la tarea de resolver los acertijos mencionados. En meses, esto presenta una ventaja, en otros meses esto puede presentarse como una desventaja.

Ahora, ¿qué significa exactamente? La dificultad es una unidad de medida en el proceso de minería de criptomonedas, nos referimos a cuán difícil es encontrar un hash dentro del bloque. Habíamos visto que hay un proceso de resolver los problemas para encontrar los ceros correspondientes en el protocolo de la blockchain y este proceso permanece de manera constante.

¿Que pasa cuando una sola persona/institución tenga más

potencia de cálculo que los demás? En teoría, podrá encontrar más rápido que los demás las soluciones y los 10 minutos en promedio fijados en el protocolo puede disminuirse, entonces, se realiza un reajuste de la dificultad denominado ajuste de dificultad, que busca estabilizar el proceso de creación de bloques cada 10 minutos.

Este ajuste ocurre cada 2016 bloques, cada dos semanas aproximadamente y se recalcula el nuevo nivel de dificultad para realizar la prueba de trabajo (PoW); el tiempo estimado de minar los 2.016 bloques es de 20.160 minutos por lo que los ajustes se dan de acuerdo a la personalización que requiera para aumentar o disminuir eventualmente. Manteniendo una tasa de dificultad balanceada permite a todos tener una oportunidad para realizar procesos de minería, por lo que siempre hay incentivos para hacer minería de bitcoins.

Analogía. Casino

Volvamos otra vez al casino y entendamos este ajuste jugando nuevamente en la mesa de dados. Cada dos semanas o 2016 hay juegos en la mesa de apuestas, viene el gerente a verificar la cantidad de participantes que hay en la mesa. Recordemos que en la mesa hay personas tirando los dados afin de sacar una cantidad determinada de ceros. El objetivo del casino es mantener la mesa funcionando por lo que siempre incentivará a los jugadores a que jueguen, de una manera u otra.

El gerente se da cuenta que en la mesa se están lanzando 13 dados y cada día llegan más participantes, hay más que el día de ayer, sigue incrementándose. Entonces, llegado las dos semanas el gerente decide aumentar el números de dados de

13 a 16 dados por participantes.

Caso contrario, el gerente se da cuenta que en la mesa se están lanzando 13 dados y cada día hay menos participantes, hay menos que el día de ayer, está bajando la cantidad de participantes; a las dos semanas, el gerente decide disminuir el número de dados de 13 a 11 dados por participantes.

Ganancias con la minería

Pasado los años, hemos visualizado que muchas personas han adquirido todo tipo de equipamiento para realizar servicios de minería o hacen minería de un modo un otro para poder obtener ganancias, casos como estos encontramos muchos, pues tenemos empresas cotizadas en la Bolsa de Valores en los mercados tradicionales con la intención de participar en el ecosistema, pero a fin de no mezclar los tópicos, nos adentraremos más adelante en el capítulo de ahorro como alternativa.

El nodo

> *Este es mi nodo. Hay muchos como este pero no hay ninguno como el mío. Mi nodo es mi mejor amigo. Es mi vida. Debo manejarlo como manejo mi vida. Mi nodo, sin mí, no sirve. Sin mi nodo, no sirvo.*
> — *Oda al nodo, Matt Odell*

En los siguientes puntos, quiero darte a entender por que es importante que corras un nodo de bitcoin y como esta simple acción ayudará a que el ecosistema en sí permanezca descentralizado de todo[26].

El siguiente artículo está auspiciado por:
Proof-of-work, el protocolo que pone los pelos del c**o de
los pseudo-ecologistas bien arriba. Apréndalo a usar con
su amigo más cercano.

¿Qué es un nodo?

Un nodo es una de las piezas claves para producir un bloque en el protocolo de btc y tiene como rol principal validar las transacciones que están ingresando en la red para luego dejarlos en el área del mempool y que sean transmitida a la red por los mineros. ¿Y no podría hacerlo otro? Pero claro que sí, de hecho, muchos nodos están corriendo al día de hoy y validan las transacciones en tu lugar, en lugar tuyo. O dicho de otro modo, en lugar de aprovechar la libertad que te da bitcoin literalmente, no estás aprovechando.

El nodo te da la capacidad de ser validador, es decir, sos parte vital del protocolo y con tu trabajo, estás ayudando a bitcoin a mantenerse seguro. El nodo es quien certifica que las transacciones realmente pasaron en la cadenas y que se cumple el protocolo a rajatabla.

---

[26] Este es un artículo que escribí hace sobre el nodo. Cardozo, N. (2021, julio 13). La Hora Cripto #66: Tu nodos y reglas [Substack newsletter]. *La Hora Cripto*. https://lahoracripto.substack.com/p/nodo-btc

¿Qué pasa si alguien decide cambiar el protocolo de bitcoin?

Los nodos no confirmarán la transacción, lo reportarán y mantendrán la integridad de la red al 100%, haciéndolo siempre a prueba de falsificaciones. Tu voto al verificar suma mucho y es demasiado importante que tengas corriendo uno, para ayudar a ser la red lo más robusta posible. Y no, no creas por un segundo que tus aportes no cuentan, tiene tanta validez como la de un nodo en cualquier parte del mundo.

Sí. Lo sé. Te fijaste en los sitios y viste que son más de 300 GB que hay que correr y salvo que estés haciendo experimentos geniales o tengas una buena cantidad de bitcoins en juego, usualmente no estás incentivado a usarlo por que,

- SON MÁS DE 300 GB HERMANO, ¿Qué soy? ¿Un disco duro? ¿La saga en 4K del Señor de los Anillos y Harry Potter?
- Simplemente no te importa.

Creo que el punto dos se fijó su importancia con las palabras de apertura anterior, ahora quiero mostrarte un trucazo de como hacer tu propio nodo de 10 GB para que puedas ayudar a la red a mantenerse descentralizada. Leíste bien y no, no me falta un 0 (cero), es correcto, 10 gigabytes.

Los nodos pruneados vienen a salvar el día

Los nodos pruneados (recortados) son nodos de bitcoin los cuales puedes utilizarlos para hacer la confirmación de transacciones así como ayudar a la red en su misión a prueba de falsificación. Y muchas veces, encontrarás tuits o análisis que dudan de la veracidad de los nodos pruneados pero permitime darte los siguientes detalles:

¿Son los nodos pruneados iguales que los nodos full?

Respuesta rápida: **Sí**.

Respuesta larga: los nodos pruneados (al igual que los nodos full) tienen el deber de validar las transacciones para enviarlas a la mempool y esperar la transmisión por parte de los mineros. Técnicamente un nodo produce bloques y dado que los nodos pruneados lo hacen, entonces sí, es un nodo full pero más liviano. Esto se da por que un nodo lo que hace los nodos consultan a un directorio denominado chainstate que tiene información sobre el último bloque: que monedas hay, que tiene, quien los tiene, fees y otros. Entonces, los nodos pruneados pueden validar la transacción sin ningún problema, solo que, a diferencia de los nodos full, no lo almacenan.

Fijate en esta obra de Gloria Zhao donde te explica entretenidamente como funcionan los nodos:

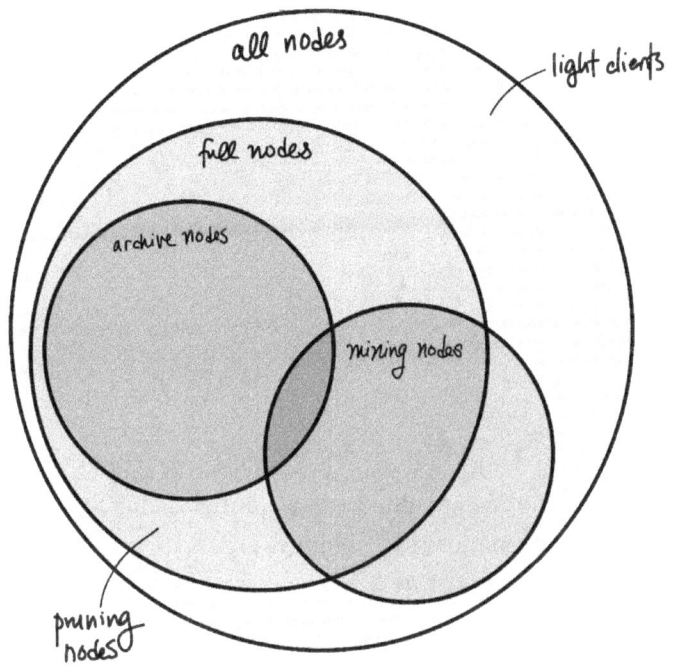

Créditos de la foto: Gloria Zhao. Github.

¿Puedo tener uno? Sí. ¿Es díficil instalar? No. Te toma literalmente 5 minutos.

Paso a paso

Vas a ir a descargar la última versión del nodo de bitcoin.

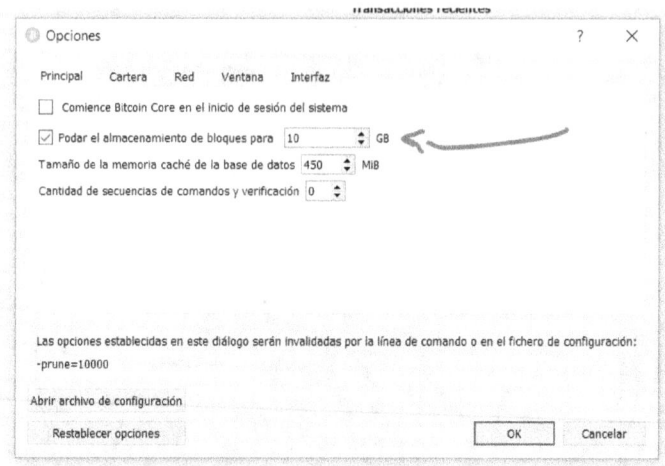

Cuando hayas descargado, te irás a Configuración > Opciones > Podar almacenamiento de bloques a: 10 GB

Se dice que a partir de 2 GB ya se puede usar pruneado y con una ejecución óptima pero diferentes actores en la red sugieren que, para sacar mayor provecho al mismo, ponerlo en 8 a 20 GB. ¿El motivo? Por el tamaño actual de la red, estás teniendo entre el 5 y 10% de la cadena descargada. Al momento de escribir esto,

- el mempool *-transacciones esperando a confirmarse-* tiene un peso de 4 GB,
- Los Bloques que vamos a guardar: 2 GB
- Initial setup: 52.1 MB

Ahí son 6.53 GB y con 10, tendríamos el suficiente poder como para sentir el poder en su máximo estado. ¿Puedes poner menos? Pero claro que sí, yo te estoy guiando sobre la recomendación que hacen en diferentes grupos.

Paso 2 adicional: ¿Te da paja tocar los números? Entonces irás a Pruned Node Today, un proyecto de los muchachos de Specter Wallet para facilitarte la vida y la paja de tener que descargar la red y todo eso. Literal es entrar a su sitio, descargar el .zip que tienen ahí y copipastear eso en tu carpeta de Bitcoin. Esto hice yo la primera vez por la razón mencionada arriba, funciona de maravillas.

Los nodos pruneados son geniales para amateurs que están empezando su camino. Con 10 GB de poder, vas a ver que se siente ser un ciudadano de primera validando bloques y verás que querrás escalar rápidamente para tener un full node. Aprovecha el poder y luego verás que tendrás más poder si tienes un nodo completo. ¿La mejor parte? Depende de vos tomar este poder.

5

Wallets

Las wallets o billeteras son usadas frecuentemente para describir algunas cosas en bitcoin pero en un modo general, se refiere a una aplicación que nos sirve para acceder a nuestro dinero, administrando las direcciones, el balance y transacciones disponibles dentro de la misma.

Algo que debemos aclarar desde el principio es que las wallets no guardan los bitcoins, solo las llaves que usamos para firmar las transacciones. Las monedas están registradas en la cadena de bloques y lo que nosotros tenemos, a través de las wallets es un administrador de llaves privadas.

No adentraremos en cuestiones técnicas pero sí debemos resaltar la importancia de la llave privada y la llave pública correspondientemente, que son un juego utilizado para administrar tus transacciones; la llave pública es lo que utilizas para recibir bitcoins mientras que las llaves privadas sirven para firmar transacciones.

Haciendo analogía, si bitcoin fuera un servicio de correo (ElCorreo) entonces: la llave pública es tu correo (lahoracripto@elcorreo.com) mientras que la llave privada es mi contraseña para acceder a mis correos. Si pierdo mi contraseña (llave privada) no puedo acceder. Y no hay tu tía ni banco corporativo que nos salve.

Las llaves públicas son la mitad de las llaves. Se utiliza para que la otra persona pueda enviarte bitcoins; se ve de la siguiente manera:

```
bc1qfy7a3vazpxa70gcdw3ry8hlam3a8619xmt7vnp
```

Las llaves privadas son la otra mitad. Se utiliza para tener control de tu wallet, incluyendo las transacciones, balance y otras funciones. De hecho, si no tienes control sobre esta, los bitcoins no están en tu control. Cada vez que vas a crear una wallet, generalmente se te provee de un grupo de 12, 24 o 36 palabras las cuales debes proteger a toda costa, pues de lo contrario, pierdes tus bitcoins.

Las wallets contienen llaves, no monedas. *Si estás usando una wallet sin llaves privadas, básicamente otra persona u organización tiene tus bitcoins, no vos.*

Las llaves privadas generalmente vienen en forma de palabras mnemónicas[27], una combinación de 12, 24, 36 palabras que, respetando ese orden dado en un primer momento, forman nuestra firma elemental para cada transacción. Desde la perspectiva de usuario, es mucho más fácil almacenar y hacer respaldo de una combinación de 12 palabras. Ahora que tenemos esto de punto de partida, llega el momento de elegir una wallet. Para elegir, hay ciertas recomendaciones a seguir. No son obligatorias ni similares pero se refiere a las mejores prácticas en cuanto a seguridad personal se refiere:

- Que use palabras mnemónicas, basadas en el BIP-39[28]: Estas son fáciles de detectar en las wallets, son aquellas que te dan las 12 palabras, que combinadas te permiten abrir tu wallet.
- Billeteras determinísticas que usen el BIP-32[29]
- Estructuradas con BIP-43[30]

Recordemos que la función de una billetera es limitado y podemos resumirlo así:

1. Crear direcciones: Como vimos al inicio, creaste una dirección para recibir tus bitcoins pero no puedes crear

---

[27] Las palabras (convertidas en frases) mnemonicas es una lista de palabras los cuales guardan por detrás toda la información necesaria para recuperar nuestra billetera.

[28] BIP-39: Mnemonic code for generating deterministic keys https://github.com/bitcoin/bips/blob/master/bip-0039.mediawiki

[29] BIP-32: Hierarchical Deterministic Wallets https://github.com/bitcoin/bips/blob/master/bip-0032.mediawiki

[30] BIP-43: Purpose Field for Deterministic Wallets https://github.com/bitcoin/bips/blob/master/bip-0043.mediawiki

solo uno, puedes crear varias direcciones para diferentes usos y motivos.

2. Enviar bitcoins: Puedes enviar bitcoins a cualquier persona o comercio.

3. Recibir bitcoins: Puedes utilizar las direcciones creadas para recibir bitcoins en cualquier momento.

4. Monitorear tus transacciones de enviar y recibir: Tu billetera debe mostrarte tus transacciones pasadas y presentes así como las que están *pendientes*.

5. Guardar tus llaves privadas: Las llaves privadas son el componente más importante en caso de que tu dispositivo sufra algún problema (pérdida, robo, etc), tengas un respaldo para poder recuperar tus monedas.

Lo resumimos de un modo más fácil de entender:

- La wallet no debe solicitarle datos personales de ningún tipo. Aún si lo hiciera, no debería ser obligatorio, apenas opcional.

- La wallet debe ser auditable. Este paso permitirá a los bug hunters[31] encontrar debilidades y solucionar problemas si lo hubiere.

- La wallet debe ser bitcoin-only: Esta es una recomendación personal mía. Hemos visto demasiados casos en la cual la wallet quedó vulnerada en una wallet multi-moneda, causando problemas al software en sí, incluido bitcoin; esto se suele dar en protocolos cuya descentralización es

---

[31] Piensa en los bug hunters como caza-recompensas. Son personas que auditan el código disponible y realizan las notificaciones correspondientes a los responsables para que puedan revertir.

solo en nombre.

Que no son wallets

Al iniciar su curso con criptomonedas, muchas personas toman por sentado que tienen wallets habilitadas de algunos servicios y generalmente, si bien es cierto que tienen una address disponible para el depósito, no tienen una wallet propiamente dicha. Por ello, es importante aclarar que los mencionados más a continuación no son billeteras personales:

- Casas de cambios o exchanges: Las casas de cambios nada más proveen de una address para su depósito y uno no tiene control de ningún modo por ninguna de las monedas. A lo mucho, cuenta con un crédito de la misma en la cual se supone que usted tiene una cantidad determinada de una moneda. Algunas tienen medidas de seguridad adicionales en caso de pérdida de fondos pero algunas no la tienen.
- Plataformas: Las plataformas son aquellas las cuales se ofrecen como un híbrido entre las exchanges y servicios de inversión, la cual, corre la misma suerte que la anterior: uno no tiene control alguno de sus llaves privadas.
- Servicios de custodia: Algunos servicios ofrecen sus servicios para cuidar tus bitcoins y al momento de proveerse, no ofrecen acceso a los fondos, solamente a la cuenta de la plataforma. Hay algunas que proveen medidas de seguridad, aduciendo que tienen doble o triples medidas de seguridad pero recuerda: no tienes control alguno sobre tus llaves.

Todo servicio o plataforma que no te provea de tus llaves

privadas, significa que ellos tienen el control absoluto de tus recursos. Repite siempre el mantra: si no tienes tus llaves, no son tus monedas.

Riesgos de dejar en servicios de custodia

- Bancarrota
Las letras pequeñas de la mayoría de las casas de cambios indican que no se harán responsables de tus fondos si algo ocurriera. Y aún si ocurriera en sitios donde puedas hacer ejercicios legales, los gastos y asuntos legales cuestan mucho más de lo que puedas perder.
- Negligencia
Recordemos que, ante todo, las exchanges, servicios de custodia y otros utilizan técnicas y protocolos las cuales siguen siendo experimentales. Se han visto muchos casos de negligencia en las casas de cambios por lo que no sería una sorpresa si uno de estos casos ocurriera.
- Confiscación
Las medidas legales son muy confusas hasta el día de hoy, muchos servicios están en un área gris, especial para que te caigan los federales. Hubo muchos casos en los primeros tiempos en el cual el gobierno a través de sus fuerzas de seguridad confiscaron los fondos y ya no hubo oportunidad de recuperarlos.
- Sitio caído
Si bien no ocurre frecuentemente en sitios con reputación, aquellas plataformas en crecimiento suelen experimentar más frecuentemente caídas de este tipo y en algunos casos, ya no vuelven los servicios, te quedas sin el pan y sin la torta.

Tipos de billetera

- Full node
La billetera QT o full node fue la primera billetera que apareció. Creada por Satoshi Nakamoto, se lo conoce como Bitcoin Client y es la billetera más segura que al día de hoy existe. Estas billeteras pueden realizar todas las funciones especificadas anteriormente y así mismo puede validar las transacciones de la red.
- Billeteras ligeras o Simple Payment Verification Wallets
Este tipo de billeteras permite realizar las funciones básicas mencionadas anteriormente. Para verificar las transacciones, dependen de otros para hacerlo. La mayoría de las billeteras más populares son de este tipo y utilizan la mayoría servicios para PC; el nivel de seguridad dependerá de qué tan libre de malwares y otro tipo de amenazas tenga tu computadora así como cualquier tipo de actividad que hagas cuando estás conectado a internet.
- Billeteras online
Las billeteras online también reciben la denominación de billeteras calientes (hot wallets) por estar conectadas frecuentemente a una red de datos. Si bien es cierto que son las mejores para realizar cualquier tipo de actividad por su comodidad y facilidad, también son las más expuestas a recibir ataques.
- Web wallets
Si utilizas cualquier tipo de servicio como exchanges, casas de apuestas, comercios y demás, todas ellas te pedirán que deposites una determinada cantidad de bitcoins en una billetera para que puedas usar el servicio correspondiente. Este tipo de billetera es la que menos se recomienda usar

debido a que no tienes control de tus llaves, dependes de un tercero para que se administren tus monedas, así como también existen múltiples maneras de que un hacker pueda atacar el servicio.

Si la empresa falla, tus bitcoins se pierden para siempre. Si tienes la intención de hacer trading en alguna exchange, lo recomendado es solamente dejar lo necesario para realizar tus actividades y el resto guardarlo en un dispositivo con control total de tus llaves privadas.

- Billeteras para móviles
  Cuando uno se inicia en las criptomonedas, esta suele ser la elección número uno para empezar. Las billeteras de móviles son la opción más popular debido a su alta conveniencia, practicidad y sobre todo, modo de uso. Si bien es cierto que las billeteras móviles son las que más vulnerables se encuentran a ataques debido a que están ligadas a nuestro número, geolocalización y otros, también es la que más atención recibe en cuestiones de seguridad por parte de los desarrolladores.

  Cuando descargamos una billetera en el celular, nuestras claves quedan guardadas dentro de nuestro móvil. Una recomendación popular para ello es utilizar siempre autenticación de 2 pasos (2FA) en tu móvil para incrementar el nivel de seguridad y nunca tener demasiado bitcoins guardados en tu móvil. Si quieres guardar una suma considerable, debes optar por métodos más seguros o alternativas offline.
- Billeteras en frío

Son el tipo de billetera más seguro que existe actualmente -bueno, no todos los tipos- y se recomienda su uso especialmente a personas que manejan fondos grandes de bitcoin. Las tres conocidas son la paper wallet, brain wallet y el hardware wallet. Adelantado, sostengo que solamente recomiendo el uso de hardware wallet.

- Paper wallet

¿Quieres crear una paper wallet? Lo que debes hacer es anotar tu private key en un pedazo de papel o tus seed phrases. Listo. Ahí lo tienes. La única manera en la cual una persona podría acceder a tus bitcoins es teniendo el papel físico o una copia de la misma. Este tipo de wallets fue muy popular por su similitud al dinero fiat en su momento y así también pues se puede guardar fácilmente. Como contra tiene que se destruye fácilmente, es papel. Mucho cuidado con ello.

Otro caso hipotético -pero que en foros se han manifestado en el pasado- es que le han pagado con una paper wallet vacía, es decir, las private keys le transportan a una cuenta que ya no tiene fondos de ningún tipo.

- Hardware Wallet

Aquí hablamos de verdaderas fortalezas digitales, son dispositivos físicos los cuales almacenan tus claves privadas. Al momento de escribir esto, si bien se han encontrado diferentes tipos de ataques así como problemas externos, se presentan como la alternativa más sólida en materia de seguridad.

Se pueden insertar en cualquier tipo de ordenador con cualquier sistema operativo e incluso puedes ir más allá y usarlo en dispositivos no seguros. Si bien tu dispositivo puede ser robado o en algún caso se te extravía el dispositivo, siempre que tengas tus seed phrase, no habrá dificultad alguna. Para enviar o recibir bitcoins en estas, debes tener conectado a la red y con un sitio el cual te permite interactuar con el dispositivo. Son fáciles de usar y la mayoría tiene una linda interfaz que te permite navegar sin ningún problema.

- Brain Wallets

  Esta te la voy a explicar a modo de comentario pues no es nada recomendado hacerlo. Las brain wallets son aquellas las cuales generan tus propias claves privadas en base a palabras que tú eliges. ¿No lo recomiendo? Nunca, las personas no tienen un nivel de entropía alto y ello se traduce a que son fáciles de atacar. Como lección de vida, siempre está el caso de un usuario de Reddit comentó haber perdido 1800 BTCs cuando perdió una frase de la contraseña memorizada y registrada.

Conveniencia de wallets

Cuando surge la pregunta *¿qué wallet puedo usar?* es como si te preguntaran qué ropa interior debes vestir para una ocasión, es una pregunta demasiado personal como para ser contestado por una persona, libro o material. Cada persona debe elegir un tipo de wallet pero para tener un norte, puedes hacerte estas preguntas:

- Usas la wallet diariamente?, ¿en modo semanal?

  Si no usas más de una vez por semana, hay wallets preparadas para tal eventualidad, ahora bien, si las uso todos los días, haciendo transacciones diarias, algunas medidas de seguridad me parecen redundantes más que otras por lo que querrás disfrutar de ciertas libertades.

- Ahorro

Generalmente cuando uno decide usarlo simplemente para hacer compras programadas se suelen recomendar medidas de seguridad alta, como las hardware wallets o en otros casos, programas que como el *Vault de BlueWallet*[32], hechos a medidas para almacenamientos en frío de larga duración.

- Especulación

Cuando vas a especular en los mercados de futuros o inserta tus satoshis en contratos perpetuos, no retirarás montos muy grandes por lo que una recomendación que te puedo dar es que no dejes en casas de cambios mucho activo, solo lo necesario para operar.

- ¿Sos un camarón?

Sos una persona que está moviendo menos de 100 mil satoshis a la semana me mantiene a raya por lo que las medidas de seguridad, si bien las debo tomar, no son las mismas utilizadas por alguien con más poder adquisitivo

- ¿Soy una ballena?

Si muevo más de 5 bitcoins o en el mes, debo tomar medidas adicionales para proteger los activos

* * *

---

[32] No estoy diciendo que uses esta herramienta, estoy disponiendo información a modo de ejemplo.

Lightning Network: un párrafo aparte

En algunas ocasiones, esto se ha visto como un dilema a enfrentarse, se tardaba hasta 6 horas en confirmarse una sola transacción con fees normales y si tenías prisa, debías aumentar el fee y la guerra que se desata por ese aumento nos lleva a escenarios críticos.

Otro problema es la imposibilidad de hacer micro-pagos. Como sabemos, la posibilidad de hacer micro-pagos en la red bitcoin es posible, dado la poca cantidad de transacciones y el fee bastante bajo en algunas ocasiones puntuales pero una vez que aumenta el precio del fee o la cantidad de transacciones, la posibilidad de hacerlo va disminuyendo, por lo que los detractores argumentan que se pierde la esencia de una red donde puedas hacer micro-pagos.

Lightning Network como solución

Pero de ello, también surge una solución para ello que combina la micro-pagos y escalabilidad.

- Micro-pago: permite hacer pagos en menos de 2 segundos, gracias a la aplicación de protocolo de smart contract que hace posible que no requiera la creación de una transacción por pago.
- Escalabilidad: al momento de escribir esto, bitcoin enfrenta desafíos respecto a la cantidad de transacciones que puede hacer por segundos (7–10 tx/segundo) y con esto se resuelve de manera elegante.

85

Piensen en la Lightning Network (LN) como una red de micropagos instantaneos que permite no solo utilizar mejor los recursos de protocolos sino también es beneficioso para el cliente.

Cómo funciona

La red de LN funciona como una serie de canales de pagos que se abren y cierran para realizar transacciones dentro de ella. Un canal de pago yo lo puedo crear (o la parte interesada) en la cual creamos una transacción multisig en la cual una parte envía satoshis y la otra parte recibe, inicialmente.

1. Cada persona posee una clave privada. Ahora supongamos que estoy en un bar y quiero abrir una cuenta.
2. Abro un canal de pago en la barra por un valor de USD 20;
3. la barra accede a firmar y abrir la cuenta;
4. una vez abierto la cuenta -tarda entre 4 a 10 minutos en abrirse el canal- puedo empezar a gastar mi dinero en la barra con transacciones instantáneas, es decir, no tarda ni 2 segundos en confirmarse las transacciones.
5. Quiero comprar una cerveza de USD 1 por lo que pago una cerveza, luego otra y otra..
6. Llega el momento que me deseo ir. ¿Qué debo hacer? Cerramos el canal y una vez hecho esto se transmite a la red para incluirse en los bloques minados.

Es importante atender que si uno de los canales sigue activado, no se permitirá ningún tipo de emisión; cualquiera de las partes pueden cerrar el canal en cualquier momento.

Aclaraciones

El bartender que me atendió es deshonesto y quiere sacarme dinero de la red, no lo puede hacer, dado que yo debo firmar sí o sí la transacción, caso contrario, la transacción no se realizará.

Yo me voy pero el bartender insiste en que deje el canal abierto para otra ocasión. Si es mi deseo, yo puedo cerrar el canal unilateralmente, pues -recuerda- que necesito de ambas partes para realizar las transacciones. Los fondos no serán afectados en este caso, dado que, como es un caso de smart contract, una vez cerrados los usuarios recuperarán el UTXO o saldo a favor de los mismos. El ejemplo del bartender es un caso práctico. Otro podría ser que en lugar de pagar por suscripciones a tu medio de información preferido, puedas comprar cada artículo o una suscripción pequeña sin la necesidad de depender de los fees altos en temporadas de muchas transacciones, comprar música, software o artículos de bajos precios.

Desafíos

No todo lo que brilla es oro obviamente. Como propuesta naciente que es, viene con desafíos interesantes y el más importante es que dentro de los canales, las transacciones son medio firmadas, es decir, no son 100% seguras. Supongamos que hicimos una transacción que deja beneficios a una de las partes y como tengo intenciones deshonestas, firmaré esa transacción y cerraré el canal sin autorización tuya, lo cual nos lleva a que -por el momento- usar LN es confiar en la otra parte para que cumpla su parte.

87

Sin embargo, esto es un problema que ya se está abordando y su nivel de practicidad para mover microtransacciones supera ampliamente las desventajas de no usarlo.

Wallets con Lightning Network

Hay wallets que combinan transacciones on-chain y también Lightning Network, hay otras wallets que no lo soportan por lo que, un adicional interesante es ver si lo soportan. Recuerda que Lightning Network es una red experimental y es propensa a errores. Úsalo con mucha precaución.

Resumen

A partir de esto, ya sabes lo más básico sobre bitcoin, wallets, nodos y transacciones así como algunas cosas básicas de la minería y ya estás listo para empezar a utilizar cualquier otra criptomoneda también pero antes de hacerlo, te recomiendo que sigas teniendo más práctica tanto con bitcoin como Lightning Network.

III

Ahorrar con bitcoins

Este capítulo te mostrará como ahorrar usando bitcoins partiendo de la base diferencial que ahorrar no es lo mismo que invertir. Me ha tomado muchos años llegar a esta conclusión y la redacción de este capítulo representa años de errores que probablemente lo cometerás...o no.

6

Ahorros. Requisitos y pasos

Ahorrar y sacrificar

Sacrificar momentos temporales para recompensas mayores ha sido una de las evoluciones más interesantes que tenemos como seres humanos. Nuestros ancestros sacrificaban un día de comodidades para poder comprar mejores herramientas que lo ayudarían a recolectar/cazar mayor cantidad de alimentos, por ejemplo. Nosotros, en nuestro día, sacrificamos algún gasto superfluo para poder adquirir un bien mayor: dejamos de comprar ropa para dar prioridad a un vehículo. Es una constante de sacrificio. El ahorro nació.

Al ir evolucionando, en comunidad, vimos que, ayudando a otras personas a que crezcan, también podemos hacer trabajar nuestros bienes. Si yo le presto dinero a Juan para que pueda comprarse una herramienta, eso lo ayudará a él y cuando me retorne con intereses, también mi patrimonio crecerá. Es una situación ganar-ganar pero que requiere un estudio previo sobre si Juan es realmente una persona viable para acceder a mis recursos. Nace las inversiones.

Cuando usamos bitcoin, desde una perspectiva económica, estamos accediendo a una moneda descentralizada y fuerte en sus propiedades. Un error común es asociarlo con inversiones y esto se debe a que dentro del sistema fiduciario, el ahorro ya no es una herramienta viable para guardar valor por lo que se recurre a inversiones, de modo a que se pueda establecer salabilidad en el tiempo.

Algo que noto muy interesante en la literatura financiera de hoy día es la línea casi imaginaria, trazada en arena, donde se confunde olímpicamente ahorros de bitcoins con las llamadas *inversiones cripto*, de hecho, se habla de ambos como si fuese lo mismo pero sabemos que no es así, lo cual me llevó a preguntar: ¿qué pasó? Muchas personas siempre están consultando sobre métodos de inversión, los cuales existen dicho sea de paso, pero siempre salgo en contra de sus pensamientos, especialmente si noto que la persona no posee acabada experiencia en lo que desea hacer. El problema con ese tipo de pensamientos/acciones es que yo inculco el ahorro, no la inversión. La idea de esto es justamente quedar en claro en qué ahorro e inversión son dos ejercicios completamente diferentes. No tienen nada que ver el uno con el otro. Y el ahorro en bitcoin es inmensamente superior.

De todas las actividades, el ahorro es una de las antiguas prácticas que tenemos. Incluso sin dinero como hoy conocemos. Primitivamente, íbamos recolectando objetos de valor -*coleccionables*- a medida se pasaban zonas para intercambiarlo por bienes o servicios o pasar algo de valor a generaciones futuras. Los collares con adornos de oro, plata y otras piedras minerales servían para tal efecto aunque los coleccionables luego recibieron otro tipo de trato diferente al ahorro.

El concepto actual de la palabra *ahorro* literalmente está vinculado a la liberación de deudas. En la edad media, los árabes llamaban *horro* a los esclavos liberados por sus dueños. Los esclavos *-cuentan los documentos-* juntan una cantidad determinada de dinero determinado el cual estaba cotizado su libertad. El concepto mismo está ligado al futuro, guardar dinero para poder liberarse de ataduras negativas.

Esta técnica, conforme pasaron los años, fue popularizada luego como una medida para alcanzar objetivos personales, comerciales e incluso como estado-nación. Volviendo a nuestro tiempo, definimos al ahorro como un porcentaje de nuestros ingresos que no se debe gastar y no se debe invertir, simplemente se junta para un determinado tiempo en un determinado lugar. En sociedades donde el consumo como la que vivimos actualmente, el ahorro es una práctica no muy popularizada, las metas de corto plazo abundan demasiado y la preferencia de tiempo está completamente destruida. El famoso *¿para cuando la vida?* como excusa para no ahorrar termina por pasar sus facturas también. El *carpe diem* profanado de Horacio se usa como excusa..y una muy mala por cierto.

Viendo desde otra perspectiva, el ahorro es descuento a futuro, descontamos disfrutar del presente un poco para luego tener algo mejor. Me negaré hoy a hacer una fiesta y lanzaré la casa por la ventana para hacer mañana una fiesta y lanzar la mansión por la ventana. La historia en sí es un descuento constante del presente para construir el futuro y justamente el dinero sirve para eso. En tu profesión, académica o no, profesional o no, vos, que adquiriste este libro de un modo u otro, vivís en el mismo sistema de recompensas que yo: provees de un servicio o producto el cual te es remunerado en forma mensual, quincenal, diaria, etc.

Trabajaste y se te paga por ese trabajo, eso básicamente es como funciona el mundo laboral y aquí viene lo interesante. Supongamos que ganaste 10 monedas, de los cuales descontamos 2 monedas: uno porque estás ahorrando para tu futuro negocio y otro para tu jubilación, tienes planes de retiro para algún día en 10 o 20 años. Esto tenía sentido hasta la mitad del siglo XX: la lógica dentro del patrón oro es que, no importa si pasan 10, 20 o 30 años, sabemos con un grado de certeza alto que el oro tendrá valor en los próximos años y podremos utilizarlo para el intercambio de bienes y servicios.

¿Y que si el oro se sigue minando? Corriendo los números, se estima que la producción del oro, crece de 1 a 1.5% anualmente mientras que la demanda de productos y servicios a nivel mundial crece a un ritmo muchísimo más acelerado. En este caso, la demanda supera ampliamente la oferta por lo que, el bajo crecimiento de la masa monetaria en el patrón oro, permitía a las personas ahorrar y comprar mucho más. Aquí está la razón por la cual tus abuelos podían darse el lujo de tener propiedades bien equipadas y amobladas, su dinero valía más, mucho más.

Esto es totalmente contrario a lo que tenemos hoy, bajo el patrón fiduciario la producción de dinero (nos interesa el dólar estadounidense en este caso) ha crecido un total de 8% anual. La inflación de la masa monetaria (es decir, que se imprima dinero) hace que lo que tienes ahorrado, valga menos que ayer. Y es aquí donde debemos sentarnos a hablar para distinguir correctamente el siguiente punto.

Inversión no es ahorro

Esto lo vives o lo hiciste en algún momento. Vas al banco a depositar tu dinero para ahorro y te ofrecen tasas que son ridículamente bajas. Si tomas la inflación y restas a tus ahorros, verás como lentamente tu dinero empieza a diluirse y de repente, USD 100 del día de hace 10 años, ya no vale USD 100, vale menos y eso te das cuenta cuando vas al supermercado y quieres adquirir un producto. ¿Recuerdas hace 10 años? Con ese dinero podrías vivir un día entero, pagar los pasajes del transporte, comer algo y con suerte, podías comer una cena razonable. Hoy no alcanza ni para dar un paso.

Entonces, ¿qué nos queda? La respuesta es bastante obvia: invertir. De hecho, para economistas y coachs financieros, este es el paso obvio a ejecutar. Pero aquí viene la cosa importante: hacer inversiones y ahorrar son dos cosas completamente opuestas: El ahorro es algo líquido, no posee demasiadas variables de pérdida, casi ninguna de hecho.

El hecho de poner ahí tu dinero y esperar 5-10 años para usarlo y que esté ahí, es todo. Sucede lo contrario cuando hacemos inversión. que es tomar dinero para ponerlo en riesgo para que, si sale bien, entonces tienes ganancia pero si sale mal, lo pierdes. ¿Cómo asegurar poca pérdida en inversión?

Pues haciendo investigación, corriendo análisis y pruebas de estrategia en diferentes escenarios, usando diferentes técnicas que te aseguren una cosa: **ganar**. Pero al día de hoy, con el sistema fiduciario tenemos que agregar una cosa más y es ganar a la inflación o sea, tus ganancias deben ser igual o mayor a la inflación de tu país para que realmente cuides tu dinero.

¿Y qué hay de malo en invertir? Es que no hay nada de malo pero imagínate lo siguiente: en el mundo existen equipos humanos, especialistas técnicos con más grado académico y estudios de los que podemos imaginarnos, trabajando en diferentes áreas de finanzas quienes toman el dinero de empresas, personas, pensiones de jubilación y los mete en las Bolsas de Valores. Y aún así, la gran mayoría de ellos, con todo el equipamiento de software y conocimiento matemático, no logran vencer a la inflación. Pero si te diste cuenta en las últimas líneas, estamos hablando de inversión como un trabajo pues de hecho, la inversión es un trabajo. Vos, en tu profesión, al día de hoy, estás obligado a invertir (un trabajo extra) para asegurarte que el dinero no pierda en contra de la inflación pero ya no puedes hacer nada para ahorrar pues el ahorro en sí es apagar el fuego con carbón.

¿El requisito para empezar a ser inversor? Supongamos que quieres hacerlo bien y te sientes cómodo como inversor haciendo especulación monetaria con el par USD/JPY por lo que aquí tienes que aprender:

- Política monetaria tanto de Japón como de la Reserva Federal.
- Mercado cambiario y sus horarios.

- Porcentajes de crecimiento, decrecimiento de la masa monetaria.
- Mercados de commodities que usan dichas monedas y como estas incidirán en el cambio del día.
- Reuniones de ambos bancos donde se deciden tasas de interés
- ¿Las guerras afectarán a las monedas?

Esto obviamente asumiendo que ya entiendes sobre cómo proceder en alguna herramienta especializada para tal efecto y tienes una adecuada estrategia. Esto es malo, a mi criterio, dado que deberías pasar tu tiempo aprendiendo más acerca de tu profesión, siendo ingeniero, atleta, doctor que cuidando tu dinero o intentando acumular más para poder salvar tu futuro.

Te lo explicaré más gráficamente esto: en sociedades donde están combatiendo el día a día con la inflación, ves a los ciudadanos tomar su dinero y lo gastan lo más rápido posible antes que vuelvan a subir los precios. *Vamos a la estación a cargar combustible antes que vuelvan a subir los precios* o *compra suficiente tomate, no habrá más el día de mañana* entre tantos ejemplos que podemos debatir pero el punto principal es: la supervivencia del día a día importa mucho más pues hay mucha incertidumbre del futuro, por lo que, nuevamente volvemos a la pregunta inicial principal: ¿para qué ahorrar cuando mañana probablemente ya no haya nada?

El ahorro con bitcoins te permite saltear todo este proceso de inversiones y problemas de aprenderte sempiternos cambios políticos. Con bitcoin tenemos una política dura de 21 millones de monedas divisible en ocho dígitos con una inflación cada vez más baja, resistente a la censura, auditable todo el tiempo y por sobre todas las cosas, creo que este es el factor más importante: en 10 años, es muy probable que esté ahí tus bitcoins.

Requisitos para ahorrar

Ahorrar con bitcoins no es una tarea, sino más bien una aventura en la cual aprendes muchas materias en una: computación, economía, finanzas, seguridad, teoría de juegos y mucho más. Algo que en el transcurso del tiempo aprendí es que a pesar de todo lo relatado más adelante, ahorrar con bitcoins conlleva riesgos muy altos. Es una tecnología naciente y se encuentra en plena etapa de desarrollo y si bien es cierto que cada día se vuelve más difícil atacar a la red, esto no significa que esté fuera de riesgo, todo lo contrario.

Pre-paso 1: Deuda controlada

El paso 1 para empezar a ahorrar con bitcoins es hacer un plan financiero en el cual tengas controlada tu deuda. Te cuento la experiencia de muchos: van a una casa de cambios en la cual adquieren bitcoins u otras monedas pero luego de 3 a 5 meses, los ves marcharse inmediatamente, vendiendo todas sus monedas por que tienen deudas más allá de sus planes.

Para una tranquilidad tuya, para estar preparado en el eventual caso de una caída de más de 40% en relación a su capitalización y no tengas que estar sufriendo a corto ni mediano plazo, tener tus deudas controladas es importante. No te dejes llevar por el FUD constante de que se está acabando, ni que esta cháchara hará algo ni mamadas de Mary Jean, respira hondo que el mercado es tonto, siempre da segundas oportunidades por lo que, si estás leyendo y considerando comprar, primer paso es limpiar y mantener a raya tus deudas.

Pre-paso 2: Ahorro fiduciario

Aunque parezca contradictorio y que hayamos insultado bravíamente al sistema fiduciario, la realidad es esta: vivimos en ella, disponer de nuestros bitcoins de un modo líquido, si bien cada día se vuelve más fácil, aún no llega a un nivel que consideremos lo más fácil posible.

¿Cómo saber cuánto ahorrar? Te daré el camino pero el monto, no. Tienes un trabajo hoy el cual te ayuda a producir tu día a día; hagamos ceteris paribus y digamos que mañana recibes una llamada de Recursos Humanos diciéndote que estás despedido o que tu empresa quiebra. La primera pregunta es cuanto tiempo te tomará levantar de nuevo tu empresa o en cuanto tiempo conseguirás un nuevo trabajo. Generalmente suele tomar de 60 a 100 días encontrar uno nuevo, por lo que tienes que seguir comiendo, viviendo, usando tu internet en ese tiempo.

Un colchón para vivir, es el famoso fondo de emergencia. Teniendo este colchón, no tendrás la necesidad de tocar tus bitcoins en el hipotético caso que algo malo pase, dado que estarás cubierto. En un mundo perfecto tus ahorros irán completamente a bitcoin pues estarás protegido pero ser optimista no nos debe quitar la realidad en la que vivimos.

Pre-paso 3: Tu nivel de riesgo

Cada vez que conozcas bitcoin, cada paso que des, cada hora que dediques a investigar, estarás seguro (como yo) que tomaste la mejor decisión de tu vida pero antes de eso, entiendo a las personas que aluden el alto nivel de riesgo al usar criptomonedas en general.

Para aquellas personas, les digo, el nivel de riesgo es alto. Pero ese nivel de riesgo es completamente relativo a medida que vayas conociendo más acerca del protocolo de tecnologías que representa bitcoin. En el siguiente capítulo te voy a dejar algunas lecturas recomendadas que puedes leer y te recomiendo de cabeza para entender los fundamentos de bitcoin para ahorrar. Pero por ahora, es suficiente que sepas que tiene riesgos altos pero las recompensas son mucho mayores.

Pre-paso 4: ¿Ahorrar o invertir?

Se debe presentar todos los pasos disponibles en caso de ir a utilizar cualquier tipo de herramienta financiera. En este caso específico, yo estoy indicando el camino de ahorrar. No obstante, tu aversión al riesgo probablemente sea mucho mayor por lo que consideramos que el ahorro no es algo que quieras hacer, te parece lento y como cuentas con mayor conocimiento sobre economía o finanzas, parece razonable poner más riesgo y usar la inversión como vehículo de protección contra la inflación en cuyo caso está bien, es justamente de eso de lo que se trata cuando haces un plan.

Con bitcoin y otras criptomonedas adyacentes a este ecosistema, podes hacer diferentes clases de inversiones. Una de las opciones más populares cuando de esto se tratare es empezar a verificar proyectos de finanzas descentralizadas (DeFi)[33] que en su mayoría vive dentro de las redes de Ethereum pero en los últimos tiempos, bitcoin ha podido ingresar también al mismo a través de la red RSK mainnet con las primeras aplicaciones que combinan finanzas con ahorros e inversiones.

---

[33] Las Finanzas Descentralizadas o *DeFi* por sus siglas son un conjunto de protocolos y aplicaciones que permiten a las personas acceder a productos financieros tradicionales (ahorro, préstamo) con poca o nula intervención humana en el proceso. Recomiendo el libro Lau, D., & Erina, A. (2020). *How to DeFi* (1.a ed., Vol. 1).

7

DCA o BCA

*Advertencia: Lo que a continuación leerás y comentaremos **no representa de ninguna forma algún tipo de consejo financiero.** Mi recomendación personal es que tomes todo el conocimiento adquirido aquí para luego poder corroborarlo con otros autores u obras de tu preferencia. Calcula bien tus riesgos.*

Técnica de ahorro: compra escalonada de bitcoins (BCA)

El bitcoin-cost average o compra escalonada de bitcoins es una variación de la compra escalonada de dólares (*dollar-cost average o DCA*), frecuentemente utilizada en las finanzas tradicionales pero tiene la misma esencia. Consiste en una estrategia en la cual decidimos utilizar una fracción de nuestro dinero en compras frecuentes con un solo objetivo: **reducir la volatilidad y comprar a precio de descuento un producto/servicio.**

Esta técnica no requiere de ningún tipo de conocimiento técnico y se limita a adquirir bitcoins en un período determinado de tiempo. Uno de los desafíos actuales en el corto y mediano plazo es que bitcoin muestra períodos volátiles muy pronunciados, lo cual con esta técnica de compra lo reducimos enormemente. Ojo que esta compra regular no sólo puedes usarlo para ahorros. ¿No tienes una caja jubilatoria? En lugar de comprar para ahorrar, puedes hacerlo para tu jubilación. Combinando el uso de finanzas centralizadas con tus ahorros, puedes llegar incluso a ganar dividendos pero consistirá en la compra regular.

Cómo funciona el BCA

Aparece Juan en escena, un empleado de una cafetería que no tiene seguro social pues, como en muchos negocios en América Latina, el seguro social no existe o no alcanza pero eso no detiene a Juan que conoce bitcoin y por lo tanto decide empezar a poner su dinero en ahorro fuerte. En el país de Juan, la moneda oficial es Patacoin y su sueldo es de 1.000 patacones. Juan, una vez hecho los arreglos mencionados más arriba, decide contribuir 10% de sus ganancias, todos los meses durante cinco años. Juan empezó a comprar bitcoins, entonces, su plan de compra se ve de la siguiente forma:

```
Precio bitcoin: 10.000 USD
Compra: 100 USD
Monto Bitcoins comprados: 0.01 BTC
BTC en total: 0.01 BTC
Valor total en USD: 100 USD
```

Condicionante

Es muy importante lo siguiente: el BCA funciona si lo que compra tiene valor en alza, por lo que asumimos con esta estrategia que bitcoin triunfará por sobre la moneda estable que tienes en manos. Esta es una buena estrategia si en el tiempo que consideraste comprar el precio en USD incrementa. Como toda estrategia, ante un mercado bajista o pérdidas en general, no estamos cubiertos en absoluto.

¿Estoy seguro que bitcoin triunfará? Así como muchas personas, tengo números y datos que me dan a concluir que bitcoin tiene muchas pistas de su superioridad como moneda, además de todo lo mencionado previamente, ahora agregaré algunos puntos adicionales:

- Sabemos que solo habrá 21.000.000 de monedas divisible en ocho dígitos.
- Sabemos que la deflación de bitcoin es constante y proto-colarmente está definida en el código.
- Sabemos que cambiar esta política monetaria es extremadamente difícil.
- Sabemos que los ataques se tornan cada vez más dificultoso y eso se traduce en más seguridad en la red.
- Sabemos que podemos auditar y es un sistema transpar-ente.

Además, un paso adicional en la condicionante es el usuario Plan B, un usuario de bitcoin hace público un artículo un esquema que lo llama el modelo *stock-to-flow ratio*[34], en el cual analiza la inflación de bitcoin contra su protocolo y su capitalización en dólares. La conclusión es única: bitcoin seguirá creciendo en la próxima década. A esto, debo agregar la escalabilidad logarítmica: bitcoin siempre crece[35]. Mientras más bajo tu preferencia temporal sea, mucho más alto es la recompensa que recibís.

Llegados a esta etapa, entonces estamos listos para empezar a adquirir bitcoins para nuestro plan, por lo que ahora ajustaremos nuestras compras como mejor nos convenga para empezar, así que, empezamos con los pasos.

Comprar en momentos decisivos (buy the dip)

Ah sí, el famoso *compra bajo, vende caro*, en mi país esto recibe el nombre de pescamboi, una frase urbana en guaraní mixto que se refiere a la persona que está al acecho de oportunidades y comprar en momentos bajistas es uno de ellos, es una estrategia válida. Con el BCA no es necesario aplicar esto, es más, lo hace incluso mucho mejor pues para realmente saber si es momento bajista o no, deberías estar estudiando constantemente el mercado. No obstante, teniendo un monto fijo de compra implica que al final de tu plan terminarás con un poder adquisitivo mucho mayor.

---

[34] Más sobre esto en PlanB. (2022, junio 22). Modeling Bitcoin Value with Scarcity. *Medium*. https://medium.com/@100trillionUSD/modeling-bitco ins-value-with-scarcity-91fa0fc03e25

[35] Niebuhr, K. (2017). *La manera mas simple de invertir en Bitcoin – Karlbooklover*. https://www.karlbooklover.com/la-manera-mas-simpl e-de-invertir-en-bitcoin/

Paso 1: Objetivo

El dinero no compra la felicidad -*dicen*- pero la trae hecha es un refrán lo has escuchado infinidad de veces. A las personas que dicen que el dinero no compra la felicidad, estoy de acuerdo. El dinero debe proveer algo o de lo contrario, juntar el medio sin llegar al fin mismo no tiene ningún sentido. ¿De que te sirve juntar satoshis si no puedes disfrutarlo con los seres que amas, si no puedes disfrutar de una vida buena?

Lo que bitcoin ayuda es justamente a eso: a llegar a la meta del modo que se supone que debe funcionar, aumentando el valor de tu dinero, ayudando la salabilidad en tiempo y espacio[36]. Entonces, dicho esto, ¿qué tipo de objetivo perseguimos? Casa, auto nuevo, reparación de algo, reconstrucción, abrir tu empresa, jubilarte, aportar a un partido político...tú decides.

Pero ningún plan debe empezar sin tener un objetivo. Aquí quiero contarles por ejemplo, la idea de un amigo. Jean decide que necesita una heladera por lo que ahorra bitcoins y compra su heladera[37]. Gracias a su método de BCA, logra ahorrar un 40% en la compra de su heladera.

---

[36] Salabilidad en tiempo y espacio es básicamente que tu dinero no pierda valor. Si ahorraste -digamos- 100 monedas, que tu poder de compra no se pierda en el tiempo, que es lo que usualmente suele ocurrir. Ahorras 100 USD pero en 10 años, ese dinero te compra cada vez menos cosas.

[37] Cuando conoce bitcoin, decide ponerlo a prueba y expone su caso en las redes sociales. holajean.crypto [@jboissac]. (2020, noviembre 25). *A inicios de año me puse como meta renovar mi vieja heladera para diciembre. Hace unos meses se me ocurrió hacer el «challenge: heladera» y fondear una parte del costo con #Bitcoin. La oportunidad de una oferta se dió en entos días así que les comparto el juguete nuevo* 💜. *https://t.co/UVVJeBDSUm* [Tweet]. Twitter. https://twitter.com/jboissac/status/1331741102777438209

Paso 2: Tiempo

Hay tres cosas que sabemos que son limitadas: el tiempo, nuestras vidas y bitcoin. Son tres cosas que no debemos desperdiciar. Una de las cosas que aprendí cuando estudiaba bitcoin es cuanto tiempo desperdiciado en cosas que simplemente no me hacía feliz o no contribuía a mi bienestar financiero ni personal, por lo que se procede a descartar. Ahora, ¿por cuánto tiempo debo ahorrar para adquirir el objetivo?

Primer punto a tener en cuenta en la definición es la frecuencia de tu compra: lo harás diario, semanal, quincenal, mensual, bi-mensual, trimestral...si no sabes por dónde empezar, mi recomendación personal es mensual, cada 30 días, iniciando a discreción en cualquier fecha. La ventaja de hacerlo mensual es que solo necesitarás 60 minutos de los 30 días para completar la compra, almacenarlo y continuar con tus actividades.

Una idea que suelo dar cuando no sabes por dónde empezar es poner de mínimo cinco años. Cinco años son 60 meses. Aunque parezca una eternidad, es poco tiempo.

Paso 3: Monto

Encontrarás muchísima literatura económica y financiera mixta en la cual te recomiendan diversas tácticas: algunos te recomendarán usar el 10% de tus ingresos, otros el 20%, algunos incluso mucho más pero he aquí un punto realista: ninguno de ellos sabe dónde te aprieta tus zapatos, solo tú sabes donde es el punto, por lo que debes elegir un monto razonable para vos.

Si no tienes el hábito de ahorrar, entonces una sugerencia es empezar entre 5 y 10% de tus ingresos mensuales, destinarlos a comprar bitcoins. No sugiero más pues con esos montos, empezarás bien. Y aquí me detengo para comprender a aquellas personas que objetan esta práctica de separar el dinero, aludiendo -con justa razón en muchos casos- que es imposible ahorrar cuando sus ingresos ni siquiera le alcanzan para cubrir los gastos.

Aquí el punto álgido: debes empezar, el mundo es injusto y nadie velará por tus intereses, ni siquiera yo. Debes empezar mi estimado lector. No por mí, no por hacer orgullo ni nada, es empezar.

Paso 4: Documentar

Este paso es quizás tan fundamental que la mayoría no lo hace. La ventaja de hacer esto es que, cada vez que realices este paso es como acceder a tu memoria, volver a pintar el mismo paisaje que en aquel momento te pasaba y quizás no sea bueno.

Un caso que suelo siempre referir es un desafío voluntario que hacemos con un grupo de amigos en el cual seleccionamos una moneda y vamos anotando por el plazo de un año; en el desafío, hubo un caso el cual fue documentado y compartimos risas cuando lo leímos. Al tercer mes del desafío, uno de los participantes consulta al administrador si podía modificar el plan de compra pues bitcoin se encontraba en su ATH. El administrador se negó a complacer este pedido y el usuario se retiró del desafío para comprar en el dip. Le fue peor y es gracias a la documentación generada lo que pudimos saber.

Paso 4: Ponerlo a trabajar con intereses (opcional)

Comprar bitcoins y luego guardarlo sin hacer nada es lo que sugiero siempre a todos pero entiendo a las personas que ya toman como riesgo adquirir bitcoins y están dispuestos a exponerse más. Para que esto tenga efecto, una variación del ahorro es dejar en un tiempo determinado en plataformas de ahorros. Las tasas de interés varían pero servirán para acrecentar más en el tiempo.

En muchos casos, las exposiciones a estas plataformas te permitirán también acceder a préstamos a tasas razonables. Ahora, esta es opcional pues al momento de insertar cualquier cantidad, ya no estás ahorrando, sino invirtiendo, el cual es un método diferente a lo que estamos hablando.

Disciplina

En el ensayo *"Just HODL"* de mi libro anterior[38], dediqué líneas fundamentales para hacer un caso explicativo de que, por sobre todas las cosas, el talento siempre es vencido contra un adversario colosal, implacable en el tiempo y con mucha más posibilidades de ganar, no por suerte, sino por el respeto a la estrategia: la disciplina.

Verás, cuando empieces a ahorrar con bitcoins, entrarás en un mundo fantástico de aprendizajes, en el cual lo que sabías hace 3 días, ya no sirve, un mundo en el cual aparecerán ofertas de nuevos proyectos, programadores invitando al beta de sus productos, comunidades dedicadas a encontrar nuevos proyectos rentables…en fin, lo que en estadística se conoce como ruido agregado, es decir, mucha basura inservible. La mayoría de estos nuevos proyectos apelarán a tus emociones, prometiendo ser alguna aplicación del futuro, solucionando

---

[38] Cardozo, N. (2022). *Conociendo Bitcoin: Colección de artículos y respuestas sobre Bitcoin* (1.a ed., Vol. 1). Amazon Publishing. https://www.amazon.co m/Conociendo-Bitcoin-Colecci%C3%B3n-art%C3%ADculos-respuestas-ebook/dp/B09XBTPQWD#detailBullets_feature_div

un problema, ayudando a niños pobres en algún continente, lala lele...y es ahí donde la disciplina se notará: nos apegamos al plan inicial de ahorrar.

Supondré que igualmente estarás interesado en hacerlo, entonces una idea que suelo proponer es que mientras ahorras con bitcoins y luego de aprender sobre los fundamentales de la moneda, puedes también ir aprendiendo sobre los otros productos existentes, que en su mayoría, son basuras enlatadas.

¿Quieres hacerlo? Bien, si quieres hacerlo, entonces, como parte del plan, debes ir al principio del pre-paso y repasar completamente de cero todo, considerando cada paso.

Comprando bitcoins

Métodos de compra y venta siguen siempre siendo variantes, cada día aparecen nuevos métodos y al mismo tiempo también se van actualizando otros, la cantidad de productos existentes al día de hoy naturalmente incrementará a medida también los métodos actualicen. A fin de dar un conocimiento de base, usaremos el cuadrante de dinero de bitcoin que consiste en la intersección del dinero fiduciario y criptomonedas.

Cuadrante de dinero

El cuadrante posee un cuadrante[39] de cuatro formas de ingresos para compra y venta de criptomonedas:

---

[39] Para más información sobre este cuadrante consultar *Cuadrante de Dinero de Bitcoin y Criptomonedas*. (s. f.). http://platzi.com/cursos/cuadrante-bitcoin/. Recuperado 31 de mayo de 2022, de http://platzi.com/cursos/cuadrante-bitcoin/

1. No anónimas:

- Bancos
- Plataformas

1. Anónimas:

- Fiat
- Plataformas

Dependiendo de tu conveniencia, practicidad y habilidades, el cuadrante te permite identificar que tipo de metodología es la que más te convendrá, así que vamos a disecar cada uno para entender sus ventajas así como las desventajas. No existe un procedimiento rutinario ni similar respecto a la compra o venta de bitcoins, por lo que a continuación hablaremos de dualidades: compras con identificación y sin identificación.

En primer lugar tenemos las compras no anónimas, las cuales son compra de criptomonedas en sitios, plataformas entre otros. Tienen las siguientes características:

1. No dan llaves privadas: Las plataformas proveen al usuario de una cuenta única pero en ningún caso proveen de las llaves privadas de sus monedas. Por ello, se vuelve a repetir el mantra *no son tus llaves, no son tus criptomonedas.*
2. Centralizado: Tanto las decisiones administrativas y operativas como los libros de órdenes están completamente centralizados.
3. Requieren KYC/AML: Los estándares de know-your-customer (conocé a tu cliente) y anti-money laundering (anti-lavado de dinero) son herramientas del mundo

financiero tradicional, el cual es frecuentemente utilizado para evitar el ingreso de dinero proveniente de actividades ilícitas.

4. Nivel local: Generalmente, cada país posee una plataforma adecuada a las regulaciones locales; en el caso de algunas plataformas internacionales, existen algunas que adecuan sus operaciones para desarrollar actividades a nivel local.

5. Ofertas de criptomonedas: Existen una amplia oferta de listados de criptomonedas.

Existe, así mismo una diferencia entre diferentes plataformas, dependiendo de qué actividades quieras hacer. Están los exchanges o casas de cambios, en los cuales puedes adquirir bitcoins u otra criptomonedas a precio de mercado y están los brokers, que son herramientas en las cuales puedes adquirir bitcoins u otras criptomonedas a precio de oferta y demanda.

Luego, tenemos las compras anónimas, las cuales son compra de criptomonedas en sitios, plataformas entre otros con requisitos de verificación bajos o nulos. Tienen las siguientes características:

1. Compras/vendes con tus llaves privadas: Las plataformas utilizadas generalmente no requieren depositar dinero en una cuenta externa, sino que ejecutan contratos de arbitraje, omitiendo los procesos de registro o verificación, dado que usan sus llaves privadas para firmar las transacciones.

2. (Semi-Des)Centralizado: Algunas decisiones administrativas están descentralizadas en alguna comunidad autónoma descentralizada (DAO), mientras que la parte

operativas como los libros de órdenes se ejecutan en contratos inteligentes.

3. No requieren KYC/AML: La mayoría de las plataformas no requieren de registros de KYC/AML o si lo requieren, están supeditados a alguna variable como cantidad, monto o frecuencia de compra.

4. Nivel regional: Al no tener ataduras o métodos de pagos muy ligados a una sola entidad, cuenta con más facilidades de pago.

5. Ofertas de criptomonedas: Generalmente, se sigue la regla de que mientras más descentralizada, mayor es la oferta de diferentes tokens. Hay que verificar estos sitios que suelen tener incluso ofertas que aún no están listadas ni siquiera en sitios de exploración de tokens.

Consideraciones antes de comprar

Las siguientes preguntas son cruciales y están ligadas a nuestra elección de wallet: **¿cuánto estoy dispuesto a comprar?** Ten en cuenta algunas cuestiones que siempre tenemos en la comunidad:

1. Bitcoin y otras criptomonedas son volátiles: Si bien es cierto que el panorama de BTC en relación a años anteriores cuando había saltos de 80% o 140% en un día y constantemente, el mercado se ha relajado, entendiendo realmente que son las criptomonedas así como sus ventajas/desventajas. Esto no significa bajo ninguna circunstancia que no sea volátil, lo sigue siendo por lo que considerar este punto será crucial antes de seguir.

2. Puede ir a cero: El usuario de criptomonedas latino

Franco Amati popularizó en varios grupos sociales por su frase: *se va a cero*. Si bien empezó como una broma a las personas que frecuentemente insistían con la pregunta de precios de bitcoin, también tiene un motivo profundamente económico y es el hecho que puede caer el precio a cero. Es una realidad con la cual debes vivir y es cierto, hay estudios y programas que demuestran que bitcoin seguirá creciendo en cuanto a valor y precio pero es posible que vaya a cero, se desplome y reviente en tu cara.

3. No usar el capital requerido para desarrollar la vida plena: Parece un mantra mal dicho pero ten en cuenta el punto 1 y 2 para tomar esta decisión. Generalmente, algunos de los expertos en materias de finanzas recomiendan invertir el 5% de tu portfolio en criptomonedas. Si quieres tomar más riesgos, puedes hacer crecer pero siempre solo usa dinero para que, en el caso que lo pierdas, puedas continuar con tu plan.

Plataforma 1: Casa de cambios o exchanges

Las casas de cambios o exchanges son la opción primordial así como la primera experiencia que suele saltar en los diferentes sitios a la hora de comprar o vender criptomonedas. Elegir una casa cambios tiene cierto arte, muchas personas lo equiparan a elegir un médico de confianza -no iría tan lejos- pero para ser precisos, el objetivo final de esto es que compres tus criptomonedas con la mejor experiencia posible. Para seleccionar el tuyo, puedes considerar los siguientes puntos:

1. Reputación
La primera nota que tomo yo es la experiencia de los

usuarios en diferentes foros sobre los mismos; si es conocida por la comunidad, su atención al cliente, políticas de reembolso y privacidad, confidencialidad de transacciones entre otros factores que vos consideres necesario. Hay que tener en cuenta que todas las casas de cambio tienen reviews negativos a partir de miles de opiniones, no hay una que no se salve de tener malas experiencias por lo que es importante que tengas en cuenta esto antes de continuar.

2. Países que operan

La mayoría de las casas de cambio operan con diferentes reglas y diferentes legislaciones. Y si bien es cierto que pueden estar operando en el mismo país, no significa que tengan las mismas políticas, de hecho hay casas de cambio que no operan en determinados países por estar cumpliendo reglamentos locales o regionales. En muchos casos, hay casas de cambios que solo operan a nivel local. ¿Cuál te da más seguridad?

3. Límites

Cuando abrís una cuenta generalmente viene con un límite de depósito/retiro. Debes revisar si estás de acuerdo con las políticas del exchange y si te conviene utilizarlo. Los límites varían entre una y otra. También va de la mano del punto 2, dado que ciertas regiones tienen tratamientos diferentes de uno y otro.

4. Fees

Generalmente hay dos comisiones que todas tienen y son la comisión de depósito y de retiro. Según sea el caso de cada una, puede haber más, puede haber menos comisiones por lo que es importante que, antes de operar, estés conforme con las mismas.

5. Exchange rate

Algunas casas si bien no tienen las comisiones mencionadas anteriormente, suelen tener una comisión alta. Asegúrate de investigar bien si te conviene usar esa determinada plataforma.

6. Métodos de pago

Revisa que métodos de pagos te ofrecen y si estás satisfecho con dichas alternativas. Hay algunos que trabajan con servicios de pagos electrónicos mientras que otras casas prefieren utilizar las transferencias bancarias. Aquí también es importante aclarar que algunas exchanges suelen tener comisiones, dado que uno puede cancelar unilateralmente los métodos de pagos. Ve esto como que el exchange está corriendo un riesgo al aceptarte y por lo tanto esa comisión es su seguro contra engaños.

Ojo que aquí no estamos hablando de trading de criptomonedas, el cual se refiere a las plataformas que conectan con otros vendedores para participar en el mercado mediante *order books*. Las plataformas de trading no son buenas para usuarios sin experiencia, dado que tienen diferentes órdenes de compra/venta, herramientas como stop-loss o market-makers entre otras tantas que no vienen al caso. En caso que quieras hacer trading de criptomonedas, primero considera iniciar el plan de compra programada y adquirir cierta exposición para luego continuar.

Plataforma 2: Peer-to-peer marketplaces (Mercados P2P)

La otra alternativa que también puedes usar para comprar criptomonedas es mediante los P2P, que saltean todos estos procesos de especulación y te permite comprar sin mucho requerimiento de identificación. Una nota aparte merece el hecho que este tipo de mercado suelen tener un fee bastante dinámico, hay muchos vendedores y compradores con diferentes reputaciones los cuales puedes ir observando cuál te conviene más.

Los mejores puntuados usualmente tienen los fees elevados pero lo compensan con una transacción rápida. Puedes usar los mismos estándares que usamos en el método 1 para poder elegir tu mercado P2P. Es importante dar nota que, algunas plataformas te solicitarán KYC/AML a partir de cierto monto, frecuencia o volumen.

Antes de pasar al siguiente método, si has comprado con alguno de los dos métodos anteriores, ten en cuenta que los exchanges no son wallets personales, dado que no posees tus llaves privadas. Cuando hayas comprado, retirarlos inmediatamente y si lo usarás para trading, deja lo que necesites para ello y el resto retíralo, pues si la casa de cambio cae, es muy probable que tus bitcoins vayan con él.

Método 3: Cambistas de calle o brokers p2p

Los cambistas son trabajadores independientes que ofrecen sus servicios de compra/venta en diferentes grupos, redes sociales y foros. Existen cientos de miles de personas que actualmente están ofreciendo sus servicios, puedes contactar uno que esté cerca tuyo para pedir ayuda y te venda tus criptomonedas. Estos cambistas tienen un fee bastante dinámico pues encontrarás todo tipo de precios, dependiendo de lo que estés buscando. Lo importante es que a estos cambistas también lo puedas elegir basándote en buena investigación:

1. Su reputación
   Si no conozco al vendedor, suelo pedir referencias o buscarlo en varios sitios donde el vendedor dice hacer sus negocios.
2. Métodos de pago
   El cambista generalmente -*en mi opinión*- le sacas la máxima experiencia cuando compras cara a cara, en efectivo. Es cierto que hay muchos que aceptan cientos de posibilidades para que les pagues, debes investigar si este cambista tiene lo que tú necesitas.
3. Área de trabajo
   En varios grupos que me toca estar, hay vendedores que dicen hacer tratos presenciales pero su ubicación geográfica les delata. Por ejemplo, dicen hacer tratos presenciales en Santiago (Chile) pero su perfil nos lleva a Carabobo o Medellín. Si empiezan proveyendo de datos falsos sobre esto entonces, es una mala señal.
4. Información
   Hay muchos cambistas que hacen sus negocios con demasiado celo de datos, no publican nada salvo su contacto y que luego todo se arreglará en privado. Como regla general, el vendedor debe tener todos sus datos disponibles y solamente mensajear cuando estemos satisfechos con la información pública proveída.

Método 3: Bitcoin ATMs

Los cajeros automáticos de bitcoin se popularizaron cuando las personas buscaban un lugar físico para poder cambiar en el acto. Los cajeros automáticos son famosos por cierto anonimato que te da dicha máquina durante la compra y de hecho eso es lo genial, insertas la moneda a elección, seleccionas la moneda a retirar y listo, sin ningún tipo de registro. En este punto, la única recomendación que puedo hacerte es que revises los fees de los ATMs, dado que el dueño de dicha máquina toma un spread de cada operación.

Otros

Hay otros métodos así mismo, ofrecido por diferentes empresas e iniciativas. Una de las más frecuentes consiste en la compra directa dentro de la wallet, quienes, en conjunto o alianza con determinados exchanges o intermediarios, te ofrecen la compra directa en ella; hay sitios donde puedes intercambiar una criptomoneda por otra. Entrados en el año 2021, empiezan a desarrollarse productos de conversión USD/BTC mediante tarjetas de créditos pre-pagas, de tal manera que no tengas que vender, haciendo directamente la conversión en el momento de la compra.

La minería como alternativa al DCA con bitcoins

Hemos visualizado anteriormente como funciona la minería y sus implicancias dentro del ecosistema de bitcoin como moneda y Bitcoin como protocolo computacional; antes de avanzar, debemos hacer una aclaración importante: lo que hoy conocemos analógicamente como minería, en otros tiempos primitivos era simplemente mantener una red de nodos full, dado que cuando Satoshi libera el protocolo, no existía una diferencia entre mantener un nodo completo minero y mantener un nodo completo y nodo pruneado entre tantos tipos de nodos que podemos encontrar[40].

Como alternativa al ahorro, veremos a la minería como una búsqueda intensa de algo útil que puede ser intercambiado por bienes cotizados en moneda fiduciaria. Si bien es cierto que existen modelos de negocios en los cuales los mineros no venden sus bitcoins, supondré en este caso que tu plan está diseñado en dólares (USD).

El ahorro, al ser líquido, presenta condiciones mucho más favorables para convertirlos a cualquier tipo de activo de valor alterno a bitcoin. Es cuestión de usar uno de los métodos señalados para comprar/vender o cambiarlos por bienes físicos (computadoras, autos, terrenos,etc) y lo mejor es que es un mercado disponible 24/7/365 el cual, incluyendo restricciones políticas u otro tipo de obstáculos regulatorios, sigue siendo accesible. Cuando hablamos de minería, sin embargo, es mucho más dificil el hecho de querer convertir las condiciones de liquidez, pues no es simplemente vender equipamiento de la noche a la mañana. Supongamos que tienes un equipo de minería, cuasi-obsoleto que necesitas deshacerte para poder adquirir nuevos; el tiempo de venta será mucho mayor ya que se trata de un mercado especializado.

---

[40] Ten en cuenta que hacer minería allá por el 2009-2011 lo podías hacerlo desde una pc/laptop sin problemas. Al día de hoy, por ejemplo, puedes descargar tu nodo en una PC pero no podrás hacer minería por los motivos expuestos a lo largo del libro.

Para poder ser competitivo en la minería, desde un punto de vista práctico se tiene en cuenta los siguientes puntos:

- Tasa de Hash
  En resumen, se requiere de un hash para resolver un problema matemático relacionado a la minería. Tu hashrate te calcula cuántos problemas pueden resolver en segundos y las unidades de medida son similares a cuando hablas de espacio de almacenamiento, solo que en lugar de ser megabytes, hablamos de hashes, gigahashes (GH/s), terahashes (TH/s), petahashes /PH/s) y así sucesivamente.
- La recompensa de bitcoin
  La recompensa o subsidio es aquel monto de bitcoin que se le da al minero en compensación por haber registrado un bloque. Escribiendo estas palabras, se posiciona en 6.25 bitcoins la recompensa y cada tiempo se producirá el halving. ¿Es lo suficientemente atractivo para que empieces a minar? Si bien es cierto que también colectan los fees que se producen en las transacciones, la recompensa es la que influye.
- Dificultad de minado[41]
  ¿Qué tan difícil es hoy minar bitcoins? Este producto te permitirá conocer la dificultad de minería que existe al día de hoy. Hay que tener en cuenta que el protocolo se ajusta cada cierto tiempo haciendo más difícil aún o disminuyendo la dificultad.
- Costo de electricidad

---

[41] Leer más sobre esto en Academy, B. (2019, diciembre 16). *¿Qué es la dificultad de minería en Bitcoin?* Bit2Me Academy. https://academy.bit2 me.com/que-es-dificultad-mineria-bitcoin/

Al usar cualquier tipo de dispositivo electrónico, consume energía eléctrica. Debes calcular si es rentable conectar tu dispositivo y dejarlo enchufado para que pueda minar. Usualmente estos datos lo encuentras en la factura de electricidad correspondiente o también en los sitios web de los proveedores de dicho servicio.

- Consumo del equipo

  Al tener en cuenta el costo de electricidad, ahora debes ver cuanto te consumirá (aproximadamente) el equipo con el que vas a minar. Si bien es cierto que los programas para hacer minería puedes bajarlo en una PC, en el caso específico de bitcoin, la minería se volvió muy competitiva, haciendo necesario cada vez más nuevos equipos. En la mayoría de los casos, este consumo se transmite a través de Watts.

- Comisión de los pools

  Los pool o piscinas de minería son un conjunto de equipamientos, usualmente alrededor del mundo que unen sus poderes de computación para poder ser competitivos a la hora de encontrar un bloque. Dependiendo del tipo de modelo de negocios se hace la división de recompensas. Si tienes equipamiento menor y si no participas en un pool, es similar a competir en el Rally Dakar con una canoa; los pools tienen diferentes tipos de programas y recompensas, elige el que mejor te parezca.

- El precio del bitcoin

  Si bien se tiene una estimación de cómo manejar el precio del bitcoin, nadie sabe a ciencia cierta si sube o baja, por lo que es difícil decirle a alguien que la minería será rentable -o no- en los próximos años.

Entonces, haciendo matemáticas, y aclarando que esta fórmula puede cambiar o modificarse con el tiempo, dado que no hay mínimos ni máximos, tendremos un camino válido para encontrar un bloque:

```
D = dificultad
H = tasa de hashrate
E = energía
```

entonces, la fórmula de recompensa se traduciría a

1. Determinar el nivel de dificultad (*D*)
2. Se multiplica la *D* por 2^32 y obtenemos *H* que representa el número promedio que se necesita para minar un bloque.
3. La energía que usas sería hashes por unidad de energía. Multiplicamos el número *MHash/J * 1.000.00*0 para determinar el número de hashes por joules a fin de determinar el desempeño de tu equipo de minería. Este es tu E.
4. Dividir *H* con *E* y te dará el número de joules necesarios para minar un bloque[42].

¿Es la minería para vos? Te toca decidir.

Resumen

A lo largo de este capítulo has aprendido la diferencia principal entre inversión y ahorro. Hemos preparado el paso a paso de

---

[42] Paso adicional es convertir a kilowatt por hora, tomando el resultado anterior y se divide por 3.6e6, lo cual hará mucho más amigable el entendimiento con tu factura de electricidad.

como planificar los ahorros y el procedimiento esencial para comprar. Queda en tu cancha y criterio el hecho de que puedas discernir qué será lo mejor para tí: qué método de compra usar, si hacerlo directamente o usar una exchange o seguir el camino del anonimato entre tantas decisiones que parecen fáciles pero harán tu plan.

La minería también es un plan alterno, un respaldo en el caso que quieras ir más allá de simplemente ahorrar tus satoshis sino también en invertir equipamiento especializado pero que te hará también ganar satoshis. No obstante, la curva de aprendizaje es mucho más lenta por lo que siempre recomiendo ahorrar mientras vas aprendiendo de minería.

De todo lo conversado anteriormente, mi mayor incentivo para vos es que te apegues a tu plan. Muchas personas han fracasado o salieron mal paradas del ecosistema de criptomonedas por el hecho de no respetar su propio plan pues les traicionó la preferencia temporal alta, o sea, hicieron cortoplacismo y les terminó por dar por el culo, como dirían nuestros hermanos españoles.

IV

Literatura recomendada

Mucho se escribe sobre bitcoin y criptomonedas. El mercado en ocasiones está saturado de tantos artículos que básicamente se convierte en una profesión tener que buscar literatura de calidad; tengo libros que me han formado y también me instruyeron para lograr también compartir mis conocimientos. Estas obras son mis seleccionadas, las que recomiendo y las que te abrirán incluso más puertas.

8

Internet of Money Vol 1, Vol 2, Vol 3 - Andreas Antonopolous

Es más fácil hacer esta compilación así pero para entender esta colección, necesito contarles una historia. Allá por 2012 al 2014, cuando querías encontrar información acerca de bitcoin, tenías dos opciones: ibas a bitcoin punto org y te rebuscabas de como usar, que hacer, que no hacer y cientos de preguntas más las cuales estaban dispersas.

Aprender con Andreas es como hablar con un amigo y sus charlas, además de tener alta calidad tienden a resumir temas complejos en puntos muy sencillos de digerir. Parte de sus intervenciones que encontramos en Internet, fue resumiendo en diferentes volúmenes los cuales. En mi caso, hablando desde una perspectiva emocional, el volumen I es el mejor de sus trabajos a mi criterio no solamente por la cantidad de información que fui consumiendo sino también que los conceptos fundamentales del mismo quedaron tan claros que me animaron a seguir también dando de mi parte. Puedo ser más sincero y darle cierta responsabilidad de querer escribir sobre criptomonedas a este autor.

El libro está compuesto por una serie de ensayos, cada uno con un enfoque diferente. Antonopolous comienza explorando la historia del dinero, desde el trueque hasta las monedas fiduciarias y cómo la tecnología está llevando al dinero hacia una forma más digital. Luego, el autor explora la tecnología blockchain y cómo se está utilizando para construir criptomonedas como Bitcoin. Antonopolous explica cómo la tecnología blockchain permite transacciones seguras y descentralizadas y cómo está cambiando la forma en que pensamos sobre la propiedad y el intercambio de bienes.

El libro también explora el potencial de las criptomonedas para transformar la banca y las finanzas. Antonopolous destaca cómo las criptomonedas pueden ofrecer una alternativa más democrática y equitativa a las instituciones financieras tradicionales, que a menudo son percibidas como opacas y excluyentes.

"El Internet del Dinero" es un libro fascinante que ofrece una visión profunda y accesible de la tecnología blockchain y las criptomonedas.

9

Mastering Bitcoin - Andreas Antonopolous

Mastering Bitcoin de Andreas Antonopolous es considerado uno de los libros más completos y accesibles para entender el mundo de las criptomonedas y el bitcoin. En esta obra, el autor aborda la pregunta más común que surge cuando se habla de estas monedas: ¿qué es el bitcoin? A partir de esta interrogante, Antonopolous se adentra en el mundo de las criptomonedas de una manera clara y concisa, lo que hace que la lectura sea amena y comprensible para cualquier tipo de lector.

A pesar de que el libro está dirigido principalmente a programadores, desarrolladores y otras ramas de las ciencias de la computación, no es necesario tener una formación previa en estos temas para adentrarse en la obra. Antonopolous utiliza un lenguaje sencillo y lleno de ejemplos para explicar los conceptos más complejos, lo que hace que la lectura sea llevadera y fácil de seguir.

Una de las características más destacables de este libro son sus diferentes apartados. A lo largo de la obra, Antonopolous va sumando calidad y relevancia a la información ya presentada, lo que hace que el lector refresque lo ya leído y sume conocimientos de relevancia. Además, el autor utiliza referencias y ejemplos concretos para ilustrar los conceptos, lo que hace que la lectura sea más amena y comprensible.

En resumen, Mastering Bitcoin es una obra imprescindible para todos aquellos que quieran adquirir conocimientos sobre el mundo de las criptomonedas y el bitcoin. Es una lectura recomendada para cualquier tipo de lector, ya que Antonopolous utiliza un lenguaje claro y accesible para explicar los conceptos más complejos. Sin duda, es una obra que se ha convertido en un referente en el mundo de las criptomonedas y que ha ayudado a miles de personas a entender mejor este fascinante mundo.

10

Bitcoin Standard - Saifedean Ammous

Si Paul Samuelson es tan importante para los estudiantes de Economía de las facultades, entonces Saifedean sería nuestro equivalente al mismo pero salvando las diferencias correspondientes tanto en pensamientos, racionalización de la economía entre tantos otros.

El libro, a pesar de no tener una perspectiva histórica, lo explica con exactitudes precisas que te guían pormenorizadamente a cada etapa de la moneda, no desde una perspectiva de economía sino de tecnología. Saifedean se declara abiertamente a favor de la escuela austríaca pero al ir leyendo el libro, confesaré que lo encuentro mucho más a favor del oro como moneda estándar que siendo un economista de dicha escuela pero son percepciones personales, aunque también es cierto que ambas tienen cosas en común. Dentro de la etapa histórica explica como la liberación económica permitió el desarrollo científico y espiritual de todo un continente mediante el impulso de políticas monetarias que hacen prosperar la calidad de vida.

Algo que, probablemente deba advertirlo, es que el autor se

destaca por tener una absoluta objeción a todo lo que pueda derivar del keynesianismo. Esto no resta la calidad de la obra pero es algo que debería advertir para mayor deleite del mismo. Además de ello, también es importante reconocer que el modelo de stock-to-flow se inspira en esta obra y para comprender el por que de esto, debes leerlo.

Saifedean tiene un perfil interesante. Si bien su licenciatura es en base de Ingeniería, tiene un PhD en Desarrollo Sustentable por la Universidad de Columbia. Sus trabajos y visión sobre la economía de bitcoin lo hacen uno de los mejores divulgadores que explica, con lujo de detalles, que estamos ante el dinero más fuerte jamás construido en internet.

11

La filosofía de bitcoin - Álvaro María

Es uno de esos libros que terminas y quedas en la nada misma. Te sentás, estás parado, estás caminando, en el bus o en tu vehículo pero te asalta todo lo que aprendiste. Álvaro hace algo espectacular en este libro y es su capacidad de resumir temas bastante complejos de por sí como ser bitcoin como tecnología o bitcoin como software para presentarte una visión superpuesta entre ambos: **la filosofía.**

Durante el viaje en este libro, el autor hace algunas preguntas que, de la mano de su experiencia en el ámbito judicial, el estoicismo que practica y por sobre todo los cuestionamientos que te plantea sea lo más llevadero posible, explicando conceptos complejos como el dinero, las transacciones, ataques al mecanismo de consenso, la importancia de bitcoin en el día a día y muchísimo más.

María argumenta que Bitcoin representa una herramienta para la emancipación económica y social, ya que permite a los usuarios prescindir de intermediarios financieros y tomar el control de su propio dinero.

Además, el autor destaca la importancia de la privacidad en la era digital y cómo la transparencia de la tecnología blockchain puede ser utilizada para mejorar la protección de datos personales.

En definitiva, "La Filosofía de Bitcoin" es una obra fundamental para comprender las implicaciones filosóficas y sociales de la criptomoneda más famosa del mundo. Una lectura imprescindible para todos aquellos interesados en la tecnología blockchain y su impacto en el futuro de la humanidad. El mejor homenaje que puedo hacer a este libro es decirles que lo lean, especialmente si no quieres agarrar un libro de más de 200 páginas, el autor en mucho menos terminará por usar tu cerebro de repositorio reflexivo.

12

Blocksize Wars: The Battle for control over Bitcoin's protocol rules - Jonathan Bier

Cuando ya estás inserto dentro del ambiente, una de los frecuentes errores de aquellas personas que calculan ataques sobre Bitcoin es que los mineros, en cualquier momento, pueden simplemente decidir salir del protocolo y provocar ataques del 51%, secuestrar bloques, generar bloques vacíos… es decir una gama de ataques que, en teoría, son todas correctas.

Pero una vez leí esta frase: *"En teoría, la teoría y la práctica funcionan en armonía. En la práctica, no"* y creo que esta frase fue probada durante los años 2015 - 2018 en la llamada Guerra de Bloques. Si estás leyendo por primera vez esto, el resumen rápido es que los mineros y empresas de nivel corporativos[43], encabezados por Bitmain, querían realizar cambios en el protocolo de bitcoin, pasando por encima de la comunidad, la vieja historia de los pocos queriendo imponer sobre los muchos.

Con una minuciosa documentación de mensajes, correos, notas personales y publicaciones de diferentes actores, Jonathan va reconstruyendo aquellas viejas batallas que inicia en los foros de chats para luego escalar incluso a conferencias alrededor del mundo donde el ego, la falta de compromiso y por sobre todo, la imperiosa necesidad de calcar el viejo sistema financiero vuelve a querer meterse en el protocolo de bitcoin. Debo aclarar que si bien yo tomo un partido en esta *guerra* y creo que también lo hace el autor, en ningún momento se ve cegado en su posición, permitiendo una narrativa limpia, subjetiva ya que sus notas de las reuniones lo va sacando frecuentemente y a la vez comprensible.

Este libro es de necesaria lectura para toda persona que

---

[43] 1Hash (China), Abra (USA), ANX (Hong Kong), Bitangel.com /Chandler Guo (China), BitClub Network (Hong Kong), Bitcoin.com (St. Kitts & Nevis), Bitex (Argentina), bitFlyer (Japón), Bitfury (USA), Bitmain (China), BitPay (USA), BitPesa (Kenya), BitOasis (Emiratos Árabes), Bitso (Mexico), Bitwala (Alemania), Bixin.com (China), Blockchain (Reino Unido), Bloq (USA), btc.com (China), BTCC (China), BTC.TOP (China), BTER.com (China), Circle (USA), Civic (USA), Coinbase (USA), Coins.ph (Filipinas), CryptoFacilities (Reino Unido), Decentral (Canada), Digital Currency Group (USA), F2Pool (China), Filament (USA), Gavin Andresen (USA), Genesis Global Trading (USA), Genesis Mining (Hong Kong), GoCoin (Isle of Man), Grayscale Investments (USA), Guy Corem (Israel), Jaxx (Canada), Korbit (Corea del Sur), Luno (Singapur), MONI (Finlandia), Netki (USA), OB1 (USA), Purse (USA), Ripio (Argentina), Safello (Suecia), SFOX (USA), ShapeShift (Suiza), surBTC (Chile), Unocoin (India), Vaultoro (Alemania), Veem (USA), ViaBTC (China), Wayniloans (Argentina), Xapo (USA), Yours (USA)

quiera usar bitcoins por una simple razón: comprender que un ataque de minorías corporativas no pudo en su momento modificar el protocolo y en un futuro cercano, asumiré que tampoco podrán hacerlo, dado los resultados de este cruce mortal que costó dinero, reputación y ego.

13

The Book of Satoshi: The Collected Writings of Bitcoin Creator Satoshi Nakamoto - Phil Champagne

Mi primera reacción al ver este libro fue *meh* □ *no hace falta un libro que me cuente los posts de Satoshis Nakamoto* y me equivoqué. La sorpresa no solo fue grande, sino que tiene un sentido. Es cierto, puedes ingresar a BitcoinTalk o a cualesquiera sean los correos de backup que hay de las conversaciones pero este libro justamente logra hacer algo muy importante: **narrar una historia**.

Phil te lleva paso por paso, explicando el camino que hizo Satoshi Nakamoto y dando contexto a cada e-mail y post que ha publicado. Lo fascinante de todo esto es que una vez que finalizas el libro, quedas sorprendido y comprenderás mucho más las razones del anonimato de Satoshi así como sus acciones, el modo en que creó bitcoin, sus ideas como persona..si terminas queriendo hacer una búsqueda de su identidad, este libro no te dirá quien es pero te narrará los pormenores de la persona detrás de una idea revolucionaria.

Algo que me di cuenta una vez que empecé a leer mis anotaciones, mis ideas se separan de una vez por todas del hombre y su creación. También terminan por cerrar el concepto de que los pagos se pueden hacer de persona a persona sin necesidad de contar con una(s) institución(es) financiera(s). Generalmente cuando uno ingresa sin leer el whitepaper, se encuentra con la dificultad de tener una multitud de ideas las cuales no tienen el fin de bitcoin que es un sistema de pagos independiente de terceros.

Phil Champagne se interesa en bitcoin en el año 2012 y a partir de ahí es un ferviente defensor de la tecnología detrás de bitcoin así como sus implicancias sociales. Tiene estudios de ingeniería de software (Universidad de Sherbrooke, Canada) y combinado con sus intereses de historia, inversión y macro-economía hace que este libro sea un material no obligatorio pero si muy recomendado.

14

Bitcoin: Soberanía a través de matemáticas - Knut Svanholm

Agnosticismo financiero. ¿Te suena esta palabra? A mi tampoco me sonaba y es la palabra que Knut te enseña a lo largo de este libro. De hecho, al momento que leas esto, probablemente no seamos ya agnósticos financieros. Quizás sí.

La lectura de esta obra está llena de reflexiones de inicio a fin. Fundamentalmente, te va llevando de la mano, explicando que bitcoin no es simplemente un software y va mucho más allá del concepto de ser una moneda. Y en este punto, el autor se lleva todos los créditos, dado que va explicando con mucha lógica el efecto del dinero, la inflación, el consumismo desmesurado, el auge de los créditos a mansalva…no es simplemente un libro de bitcoin, es sobre filosofía económica. Es efectivo. Una recomendación que haría a toda persona interesada es que pase por este libro, diseccione las ideas del autor y luego -*créame señor lector*- iniciará su camino por el conocimiento de bitcoin que inevitablemente terminará en la posesión de bitcoins.

Knut, podríamos decir, no es tu típico investigador de moneda o asset manager que sale del espectro financiero. Fue cantante y marinero antes de escribir su primer libro en 2019, para convertirse en educador y que, inmediatamente, su libro se convierta en uno de los mejores materiales para comprender el impacto de bitcoin y cómo puede cambiar para bien.

15

Thank God for Bitcoin: The Creation, Corruption and Redemption of Money - Grupo Bitcoin y Biblia

¿Dios y el dinero en un solo libro? Usualmente cuando juntamos estas dos entidades quienes fungen de detractores tienden a decir que usan la religión para ganar dinero mientras quienes fungen de aliados de Dios tienden a decir que el dinero es algo malo para la visión cristiana.

¿Qué pasaría si todo este tiempo estuviéramos ante una herramienta del bien que Dios nos dió en su amor infinito? Después de todo, la palabra amor aparece menos de 500 veces mientras que la palabra dinero aparece más de 2.000 veces y no es un dato menor, la literatura religiosa, desde una perspectiva histórica se construye como toda sociedad humana: con el elemento clave del desarrollo que es el dinero.

Los autores de este libro, en el cual destaco la figura de Jimmy Song, van narrando como Dios nos da una buena herramienta para el beneficio de nuestra prosperidad pero más fuerte aún: como el actual sistema financiero no está alineado con los principios y valores cristianos que se dice profesar. Iniciando desde una mirada bíblico tradicional, los autores van construyendo el caso cristiano donde la moral choca diametralmente con los protocolos financieros que existen hoy.

Es un libro breve pero su impacto es profundo, especialmente si profesas la fé cristiana. Aún si no lo profesas, aprenderás una nueva perspectiva de como las finanzas han corrompido religiones enteras y el mensaje principal, sin entrar en demasías en el libro es bastante fuerte: **el dinero es un regalo de Dios**.

16

Blockchain and the Law: The Rule of Code - Primavera de Filippi

La concepción del dinero desde una perspectiva legal es inmiscuirse dentro de una galaxia de conceptos y arreglos comerciales internacionales que podrían llenar una biblioteca entera de ensayos, tratados y otros tipos de literatura. Con la aparición de bitcoin, de repente parece que dentro del ámbito jurídico, todo está por definirse.

Durante los últimos 300 años, el derecho internacional público y privado fue construyéndose mediante acuerdos tácitos si hablamos de monedas: el peso español, el marco alemán, la libra británica y durante los últimos 70 años de manera ininterrumpida, el dólar de los Estados Unidos. Dicho de otro modo: el dinero, cuando hablamos de acuerdos internacionales, está definido por el Estado. Bueno..estaba, hasta que llega bitcoin y patea el tablero para poner de nuevo una sola pregunta en pie: *¿que es el dinero? ¿Según quién el dinero debe ser producido por una entidad mayor?*

Este libro lo recomiendo y me gusta mucho por una simple razón: los autores tienen la profundidad deseada cuando explican conceptos legales pero también saben donde están parados en el momento que explican como las criptomonedas tendrán un impacto profundo desde la concepción de la tecnología pero así también en las leyes.

Una de las partes favoritas a mi criterio y sin spoilear el libro es cuando hacen diferencias en los tipos de ataques legales: los Estados poseen los músculos necesarios para apretarte como ciudadano pero cuando hablamos de software, los músculos del Estado son apenas escuálidos golpes que no harán diferencia a la larga por lo que, los autores, van comentando cómo la sociedad en general irá girando cada vez más hacia los contratos automatizados.

17

Bitcoin Billionares: A true story of genius, betrayal and redemption - Ben Mezrich

La película Red Social (2010) marcó un antes y un después. Además de ser una entretenida película, socialmente hizo algo muy interesante: Los gemelos Winklevoss quedaron como *los malos* de la película y Mark es el chico bonito, emprendedor que solo quería hacer algo para los amigos. De hecho, de aquella disputa de Facebook y los gemelos, es mucho mejor leer las transcripciones del proceso judicial para quitarnos los lentes culturales.

El autor, en este fascinante libro, nos cuenta la historia de dos hermanos que, en el impedimento de no poder usar *dinero sucio* que ganaron en un juicio histórico, deciden hacer una jugada magistral: comprar bitcoins. Durante este viaje podemos apreciar a dos hermanos que tienen una visión y otros actores que se encuentran en este viaje, ocasionando una aventura sin igual que los convertirán en la punta de lanza y futuros puentes entre el sistema financiero tradicional con el sistema financiero de criptomonedas.

Voy a aclarar pertinentemente que este libro no trata de explicar criptomonedas o cualesquiera sean sus adecuaciones. Es la historia de dos personas que, en conjunto con otras, crean un naciente imperio de capitalización tan grande que tiene su voz y voto en la comunidad. Este libro es acerca de sucesos y no explicaciones técnicas.

Ben Mezrich no es tu autor de bitcoin tradicional y es más ni siquiera va por ese lado. Es autor de múltiples libros e historias interesantes como *Bringing Down the House*, la historia de un equipo de blackjack que ganaban contando cartas y fue llevado (también) al cine, *21:Blackjack*.

18

Tower of Basel: The Shadowy History of the Secret Bank that Runs the World - Adam LeBor

De la selección de libros, este tiene un contexto histórico antes que práctico en lo que refiérase a criptomonedas. Este libro lo encuentro en uno de los tantos hilos de Twitter en la cual te saltan los famosos libros históricos y bueno, no hay muchas vueltas que dar, la introducción me encanto y lo adquirí.

Cuando finalices la lectura, no prometo que tendrás simpatía por bitcoin pero si te hará considerar el modo en el cual los bancos centrales se están desarrollando al día de hoy y como el secretismo, hasta hace un tiempo era la norma. Sin spoilearte, ¿alguna vez escuchaste acerca del Banco Central de los Bancos Centrales? Parecería una conspiración pero en realidad no, es el Banco de Pagos Internacionales, una maquinaria nacida en los años '30 pero que se ha adaptado con el tiempo y Adam nos lleva por cada uno de los pasos, documentados por el mismo banco, por el cual esta organización proveyó de ayuda a los nazis en la Segunda Guerra Mundial, ya sea a través de la confiscación *legal* del oro, moviendo dinero de judíos que luego terminarían muertos o financiando al III Reich cuando todos los países le hacían la guerra.

Paso por paso, también, vamos viendo su lento y cuasi-secreto desarrollo industrial hasta convertirse hoy en la Sala de Negociación de los bancos centrales. La razón por la cual quiero que leas este libro es simple: bitcoin habla mucho de la descentralización como una salida para las intermediaciones financieras. Al finalizar este excelente y documentado libro, no solo comprenderás las razones de Satoshi, podes incluso no comprender el motivo de bitcoin. Aún así, aprenderás que el sistema financiero internacional está roto en su núcleo y no hay una solución en el corto plazo.

19

The Code Book - Simon Singh

Este es otro libro que no va directamente de bitcoin o criptomonedas pero es el responsable directo de que cuando hablen en la jerga criptográfica, mi cerebro pueda procesarlo correctamente. Y este libro le tengo memoria: en Bitcoin Argentina, acaso uno de los grupos más grandes de LATAM en cuanto se trate de bitcoin, en alguna ocasión le preguntan a Franco Amati acerca de la fuente de sus conocimientos sobre criptografía. No pestañea en recomendar este libro el cual me tomó más de dos años leerlo y comprenderlo. Al principio, todo pintaba lindo y fácil pero a medida pasan los capítulos, llego a comprender la complejidad detrás de las matemáticas de esconder a plena vista mensajes.

Simon, en este libro, tiene la capacidad de poder narrar una historia pero al mismo tiempo no pierde la capacidad de enseñarte acerca de criptografía, haciendo énfasis en los procesos y protocolos en todo el tiempo. Resalto la combinación de gráficas y narrativa que te permite tener una visual mucho más clara de lo que el autor desea transmitir.

20

La batalla de Bretton Woods - Benn Steil

¿Alguna vez escuchaste de Harry Dexter White? ¿Alguna vez te pusiste a pensar la razón del poderío del dólar estadounidense y no, por ejemplo, del yuan chino o el yen japonés? Hay una batalla durante la Segunda Guerra Mundial que tuvo lugar en un hotel de Estados Unidos, una quizás de tanta trascendencia como el día D, tan importante como el proyecto Manhattan y poco mencionado como el Regimiento 442.

Aclaro, este es otro de los libros que no menciona ni por asomo a bitcoin y criptomonedas pero una vez que finalizas, será como despertar de un letargo y finalmente comprender cómo llegamos a donde estamos. No haré spoilers de ningún tipo pero podemos conversar sobre el mismo. El autor nos cuenta la historia pormenorizada, incluso íntima si se quiere de cómo las potencias aliadas en contra del Eje se reúnen en Estados Unidos para definir el futuro de la economía internacional.

En un lado del ring tenemos al moribundo Imperio Británico,

encabezado por John Maynard Keynes, economista muy influyente y asesor del Tesoro Británico, quien trae la idea tolkeniana de una moneda para todos; en el otro lado del ring le tenemos a Henry Morgenthau Jr., secretario del Tesoro de los Estados Unidos pero quien tiene un arma secreta que lo suelta durante las reuniones: Harry Dexter White, quien en 1.941 ya se le adelantó a Keynes, presentando el primer borrador para la institución que hoy conocemos como el Fondo Monetario Internacional.

Benn hace un trabajo documental maravilloso con anécdotas y pormenores de aquellas negociaciones ocurridas en julio de 1.944, dejando poco margen a la imaginación e hipótesis no fundadas.

Este libro es recomendado, dado que trata extensivamente dos cosas que te ayudará a comprender la necesidad de bitcoin: por un lado como la política monetaria no es un mecanismo de consenso sino un capricho del 1% del 1% del 1% y por el otro lado, comprendas las circunstancias históricas cambian con el tiempo, el libro hace un maravilloso trabajo explicando que el Imperio Británico fue sodomizado económicamente una vez finalizado la guerra, el poder de turno es una silla que va cambiando constantemente de dueño.

21

Conclusion

El libro, el segundo, nuevamente es el inicio de un conjunto de aprendizajes. Leer sobre bitcoin no es suficiente, conocer la cadena de bloques tampoco lo es. Debes ejecutarlo en tu computadora, hacer una transacción, sentir el poder que te otorga bitcoin. ¿Qué poder es ese? Eso lo comprendí cuando en una ocasión estábamos con un amigo en Telegram conversando de la vida y observando un partido de fútbol. Hacemos una apuesta tonta, típica de amigos y pierdo, me toca pagar la apuesta y envío 2 USD en forma de satoshis en menos de 5 segundos y con menos de 1 centavo de comisión. ¿Imaginas hacer esto con herramientas tradicionales? ¿Pagos transnacionales con confirmación inmediata y comisión ínfima, por no decir nula? Muchas personas concluyen luego de aprender sobre bitcoin que esta no es necesaria para la subsistencia del día, la razón de su conclusión es que ya toman por sentado que el ente centralizado encargado de la política monetaria hará lo suyo, por lo que no hace falta ninguna alternativa.

¿Notas que en ningún momento hablamos de competencia?

Es que bitcoin no compite contra nadie, Satoshi Nakamoto describe un sistema que consiste en un *libro* de transacciones los cuales deben cumplir requisitos y protocolos para que la misma sea válida, nada más. Satoshi no habló en su whitepaper ni de incentivos económicos, ni de historia ni similares...eso lo fuimos desglosando conforme pasó el tiempo.

El ahorro sigue siendo y seguirá siendo el arma más poderosa para todas las personas que busquen edificar el futuro. Insistiré que este primer paso nos ayudará muchísimo para dar puntapié a otras estrategias de crecimiento personal. Bitcoin te ayuda con ello mediante sus mecanismos de consenso en el cual las 21,000,000 de unidades no están bajo negociación de emisión, es lo que hay y todo lo que habrá. El diseño de una política monetaria que se puede verificar, auditar y llevar a consenso todo el tiempo es lo que hace a bitcoin la mejor herramienta de auto-soberanía personal y el mejor protector contra los abusos de sobre-impresión monetaria.

La conclusión a la que llego es que no hay conclusión, este es un libro el cual ha finalizado pero tú inicias tu camino a partir de esto. La educación que has llevado se sentirá como un peso pluma, gracias a la cantidad de nuevas cosas que irás aprendiendo. A partir de ahora, cuando ingreses al debate verás todo desde una perspectiva fresca. Has caído en la madriguera. Bienvenido al país de las maravillas.

Bibliografía seleccionada

- Academy, B. (2019, diciembre 16). *¿Qué es la dificultad de minería en Bitcoin?* Bit2Me Academy. https://academy.bit 2me.com/que-es-dificultad-mineria-bitcoin/
- Ammous, S. (2018). *The bitcoin standard: The decentralized alternative to central banking.* Wiley.
- Ammous, S. (2021). *The Fiat Standard: The debt Slavery Alternative to Human Civilization.* Saif House.
- Ashtamangala prasnam. (2021). En *Wikipedia.* https://en .wikipedia.org/w/index.php?title=Ashtamangala_prasna m&oldid=1021455819
- Bertaut, C., Beschwitz, B. von, & Curcuru, S. (2021). *The International Role of the U.S. Dollar.* https://www.federalr eserve.gov/econres/notes/feds-notes/the-international-role-of-the-u-s-dollar-20211006.htm
- *Bitcoin and the history of money.* (2014, julio 15). http://ww w.youtube.com/watch?v=IP0jCjyrew8&feature=youtub e_gdata_player
- Boyapati, V. (2022, abril 5). The Bullish Case for Bitcoin. *Medium.* https://vijayboyapati.medium.com/the-bullish-case-for-bitcoin-6ecc8bdecc1
- Brito, J., & Castillo, A. (2013). *Bitcoin, a primer for policymakers* (Monografía N.º 1; p. 48). Mercatus Center. http://mercatus.org/sites/default/files/Brito_BitcoinPri

mer_v1.3.pdf
- Cardozo, N. (2020, noviembre 3). La Hora Cripto #37: ⌂Ahorrar bitcoins [Substack newsletter]. *La Hora Cripto.* https://lahoracripto.substack.com/p/la-hora-cripto-37-ahorrar-bitcoins
- Cardozo, N. (2022). *Conociendo Bitcoin: Colección de artículos y respuestas sobre Bitcoin* (1.ª ed., Vol. 1). Amazon Publishing. https://www.amazon.com/Conociendo-Bitcoin-Colecci%C3%B3n-art%C3%ADculos-respuestas-ebook/dp/B09XBTPQWD#detailBullets_feature_div
- *Cuadrante de Dinero de Bitcoin y Criptomonedas.* (s. f.). http://platzi.com/cursos/cuadrante-bitcoin/. Recuperado 31 de mayo de 2022, de http://platzi.com/cursos/cuadrante-bitcoin/
- Dobrowski, C. (2014). *Money, Economics, and Finance: Developments, Analyses and Research.* Nova Science Publishers, Inc; nlebk. http://search.ebscohost.com/login.aspx?direct=true&db=nlebk&AN=813109&lang=es&site=eds-live
- *FAQ - Bitcoin.* (s. f.). Recuperado 5 de octubre de 2014, de https://bitcoin.org/en/faq#could-users-collude-against-bitcoin
- Ferguson, N., & Ramos Mena, F. J. (2017). *El triunfo del dinero: Como las finanzas mueven el mundo.* Debate.
- Forrester, D., & Salomon, M. (2013). *Bitcoin Exposed: Today's Complete Guide to Tomorrow's Currency* (First, Vol. 1-1). Createspace.
- *Gold—2022 Data—1968-2021 Historical—2023 Forecast—Price—Quote—Chart.* (s. f.). Recuperado 16 de junio de 2022, de https://tradingeconomics.com/commodity/gold

- holajean.crypto [@jboissac]. (2020, noviembre 25). *A inicios de año me puse como meta renovar mi vieja heladera para diciembre. Hace unos meses se me ocurrió hacer el «challenge: Heladera» y fondear una parte del costo con #Bitcoin. La oportunidad de una oferta se dió en entos días así que les comparto el juguete nuevo 💜. Https://t.co/UVVJeBDSUm* [Tweet]. Twitter. https://twitter.com/jboissac/status/1331741102777438209
- *Inflation rates in Paraguay.* (s. f.). Worlddata.Info. Recuperado 16 de junio de 2022, de https://www.worlddata.info/america/paraguay/inflation-rates.php
- Ittay Eyal, E. G." un S. (s. f.). Majority is not Enough: Bitcoin Mining is Vulnerable. *Cornell University, 1,* 17.
- Lau, D., & Erina, A. (2020). *How to DeFi* (1.ª ed., Vol. 1).
- Monetaria moneta. (2021). En *Wikipedia, la enciclopedia libre.* https://es.wikipedia.org/w/index.php?title=Monetaria_moneta&oldid=140058739
- Moreno Ollero, A. (2017). Los esclavos del duque de Medina Sidonia en la primera mitad del siglo XVI. *e-Spania. Revue interdisciplinaire d'études hispaniques médiévales et modernes, 26,* Art. 26. https://doi.org/10.4000/e-spania.26226
- Murphy, E., Murphy, M., & Seitzinger, M. (2015). *Bitcoin: Questions, Answers, and Analysis of Legal Issues* (Report Prepared for Members and Committes of Congress N.º R433339; p. 36). United States Congress. https://fas.org/sgp/crs/misc/R43339.pdf
- Nakamoto, S. (2009). *Bitcoin: A Peer-to-Peer Electronic Cash System* (Artículo Cientifico N.º 1; p. 9). https://bitcoin.org/bitcoin.pdf
- Niebuhr, K. (2017, mayo). *La manera mas simple de invertir*

en Bitcoin – Karlbooklover. https://www.karlbooklover.com/la-manera-mas-simple-de-invertir-en-bitcoin/

- PlanB. (2022, junio 22). Modeling Bitcoin Value with Scarcity. *Medium.* https://medium.com/@100trillionUSD/modeling-bitcoins-value-with-scarcity-91fa0fc03e25
- *Shelling Out: The Origins of Money | Satoshi Nakamoto Institute.* (s. f.). Recuperado 21 de mayo de 2022, de https://nakamotoinstitute.org/shelling-out/
- Taleb, N. (2013). *Antifragil: Las cosas que se benefician del desorden.* Paid??s.
- Tomais Ashdene. (s. f.). Mitos más difundidos acerca de Bitcoin, refutados. *Bitcoin en Español.* Recuperado 12 de septiembre de 2014, de http://elbitcoin.org/mitos/
- *What is Bitcoin? Bitcoin Explained Simply for Dummies.* (s. f.). Recuperado 21 de mayo de 2022, de https://www.youtube.com/watch?v=41JCpzvnn_0

About the Author

Licenciado en Relaciones Internacionales. Ha participado en diversas actividades tanto del ámbito empresarial como académico en diferentes roles explicando e incentivando el de criptomonedas a nivel nacional y regional, también es invitado frecuente en medios de comunicación donde se aborda temas como la inclusión financiera y criptomonedas. Es autor de un ensayo académico para la Facultad de Ciencias Económicas de la UNA y escribe regularmente en La Hora Cripto, newsletter semanal en el cual analiza el estado de las criptomonedas tanto a nivel nacional como regional.

You can connect with me on:
- https://lahoracripto.substack.com
- https://twitter.com/nelsondcg1

Subscribe to my newsletter:
- https://lahoracripto.substack.com

Also by Nelson Cardozo

Puedes seguir leyendo también las siguientes obras

Conociendo Bitcoin: Colección de artículos y respuestas sobre Bitcoin
Conociendo Bitcoin es una **colección de artículos y respuestas** atemporales que el autor fue recolectando luego de haber escrito más de 150 artículos sobre bitcoin y otras criptomonedas. Esta colección pretende que, al finalizar el libro, el lector se sienta capaz no solamente de comprender y entender básicamente sobre bitcoin sino que tome el paso decisivo de participar en el mercado como un usuario activo.